누　구　나
프로 컨설턴트가
될　수　있다

기업의 성과를 10배 높이는 경영 컨설팅의 모든 것

누구나 프로 컨설턴트가 될 수 있다

초판 1쇄 발행 2018년 05월 25일
초판 2쇄 발행 2018년 06월 18일

지은이 황창환

발행인 백유미 조영석
발행처 (주)라온아시아
주소 서울시 서초구 효령로 34길 4, 프린스효령빌딩 5F

등록 2016년 7월 5일 제 2016-000141호
전화 070-7600-8230 **팩스** 070-4754-2473

값 13,800**원**
ISBN 979-11-89089-14-6 (03320)

이 도서의 국립중앙도서관 출판시도서목록(CIP)은 서지정보유통지원시스템 홈페이지(http://seoji.nl.go.kr)와 국가자료공동목록시스템(http://www.nl.go.kr/kolisnet)에서 이용하실 수 있습니다.
(CIP제어번호 : CIP2018014830)

라온북은 독자 여러분의 소중한 원고를 기다리고 있습니다. (raonbook@raonasia.co.kr)

기업의 성과를 10배 높이는 경영 컨설팅의 모든 것

누구나 프로 컨설턴트가 될 수 있다

PROFESSIONAL CONSULTANT

| 황창환 지음 |

RAON BOOK

머리말

나는 월 수익 1천만 원을 버는 프로 컨설턴트다

나는 프로 컨설턴트다. 매년 1,000시간이 넘는 강연을 하고, 지난 2005년부터 지금까지 57개가 넘는 기업들의 경영 컨설팅을 진행해 왔다.

처음 컨설팅을 시작할 때에는 막연한 두려움이 있었지만, 지금은 '어떻게 하면 프로 컨설턴트가 될 수 있는지'에 대한 질문을 많이 받고 있다. 평생직장이 없어진 시대, 5~10년 정도 직장생활을 한 직장인들은 제2의 인생을 시작하고 싶어서, 대학생들은 높은 연봉을 버는 평생 직업이라서 프로 컨설턴트에 대한 관심이 높다.

특히 경영 컨설팅이 기존에 컨설팅 회사를 중심으로 진행되었던 반면, 이제는 전문가에 의한 프로 컨설턴트 중심으로 이뤄지고 있어 개인에게는 기회가 확대되고 있다. 기존에 컨설팅 회사에 국한되었던 경영 컨설팅 시장이 개인이 주도하는 프로 컨설턴트 시장으로 확대되면서 점점 더 많은 사람이 이 시장에 진입하려 하고 있다.

이미 유럽, 북미, 일본과 같은 선진국 시장에서는 프로 컨설턴트에 의한 경영 컨설팅이 활성화되어 많은 컨설턴트가 컨설팅 회사에서 독립해 프로 컨설턴트로 활동하고 있다. 우리나라도 경영 컨설팅 시장 규모가 급성장하고 있어 미국과 일본 형태로 경영 컨설팅 분야가 빠르게 변화될 것이다.

우리 경제는 다른 국가들보다 단기간에 빠른 성장을 이루었고, 이 과정에서 기업들은 각 분야에 많은 경험을 축적한 전문가들을 육성하였다. 이들이 현재 기업 밖으로 나와 활동하면서 국내의 독립적인 프로 컨설턴트 시장이 급성장하고 있다. 우리 주변에서 쉽게 볼 수 있는 여행 컨설턴트, 헬스 컨설턴트, 입시 컨설턴트 등이 그 좋은 사례이다.

또 이미 시장에 진입한 독립적인 프로 컨설턴트들은 자신의 경험과 지식 체계를 가지고 개인, 소상공인, 중소기업, 대기업들의 경영 컨설팅을 진행하고 있다. 이들이 시장에서 생성하는 경영 컨설팅 분야의 새로운 가치 창출 규모는 매년 두 자릿수 이상의 높은 성장세를 보이고 있다.

점점 더 복잡해져 가는 우리의 경제 환경을 감안하면 향후 프로 컨설턴트 시장은 지속적으로 성장할 것으로 예상된다. 우리 사회의 저성장과 고령화 속도가 점점 더 빨라지면서 개인이 보유한 경험과 지식 체계를 활용해 새로운 가치를 창출하는 경영 컨설팅의 중요성이 더욱 커지고 있기 때문이다. 또한 기업들은 경쟁력 강화를 위해 각 분야에서 경험과 지식체계를 갖춘 개인 전문가들을 필요로 한다.

앞으로 기업들은 경험과 지식체계를 갖춘 프로 컨설턴트들에게 더 많은 경영 컨설팅을 의뢰하게 될 것이다. 그 이유는 선진국 시장으로 진입한 우리 경제의 새로운 가치 창출을 특정 기업과 조직에 의존하는 것은 물리적인 한계가 있기 때문이다. 우리 경제는 독립적인 프로 컨설턴트들이 적극적으로 활동하면서 전체 경제 성장을 주도하는 형태로 빠르게 변화될 것이다.

이 책은 이러한 변화에 발맞춰 누구라도 프로 컨설턴트가 될 수 있는 방법을 실제 경영 컨설팅을 했던 기업 사례를 기반으로 제시하고 있다. 프로 컨설턴트가 되려면 이 책에서 소개하는 경영 컨설팅의 성공 프로세스와 프로 컨설턴트의 6가지 비법의 시작과 마무리하는 단계로 이어지는 역량에 대해 꼭 알아두기를 바란다.

나는 내가 가지고 있는 경험과 지식 체계를 활용해 기업들의 새로운 가치 창출을 지원한다는 것에 상당한 자부심을 가지고 있다. 이제 지난 10여 년간 경영 컨설팅 지식을 독자들과 나누고 새로운 기회를 만드는 데 조금이나마 도움이 되고 싶다. 이 책을 통해 더 많은 사람이 프로 컨설턴트로 활동하기를 희망한다.

5월에

프로 컨설턴트 황창환

차 례

2장
경영 컨설팅의 성공 프로세스

3장
프로 컨설턴트 6가지 비법의 시작

4장
프로 컨설턴트 6가지 비법의 마무리

1장

→→→

경영 컨설팅 누구에게 필요한가

프로 컨설턴트는 어떤 일을 하는 사람인가

기업 경영에 관한 기술 상담에 응하는 전문가

컨설턴트를 조금 구체적으로 말하면 기업 경영에 필요한 정보나 도움을 제공하고 기업의 미래에 대한 상세한 청사진을 제공해 주는 사람이다. 이는 조직 내에 고용된 사람일 수도 있고 조직 외부에서 계약에 의해서 맺어진 사람일 수도 있다.

따라서 프로 컨설턴트도 같은 맥락에서 이해할 수 있다. 단 컨설턴트에 '프로'란 말을 더한 것은 단순한 전문가가 아니라 특정한 분야에서 경쟁력을 확보하고 있는 전문가라는 부분을 강조하고자 한 것이다. 즉 자신이 가지고 있는 경험과 지식을 통해 고객의 새로운 성과 창출을 지원할 수 있는 사람이 바로 '프로 컨설턴트'다.

이들이 경영 컨설팅에서 하는 활동은 '준비', '착수', '경영 진단',

'개선 방안 도출', '실행 계획 수립', '종료'로 6가지다.

필자는 경영 컨설팅 성공 프로세스를 누구나 쉽게 파악할 수 있도록 단계별 분류법을 활용했다. 각 단계에 100, 200, 300 등의 번호를 부여하고, 각 단계의 주요 활동에는 110, 120, 130 등과 같은 방식으로 번호를 부여한다. 또 주요 활동 110의 산출물에는 111, 112, 113 등의 방식으로 번호를 부여하여 누구나 각 단계에 대한 결과물들을 쉽게 분류할 수 있게 하는 방식이다. 컨설팅을 잘 모르는 일반 독자도 알기 쉽게 경영 컨설팅 성공 프로세스로 그려보면 다음과 같다.

경영 컨설팅 성공 프로세스

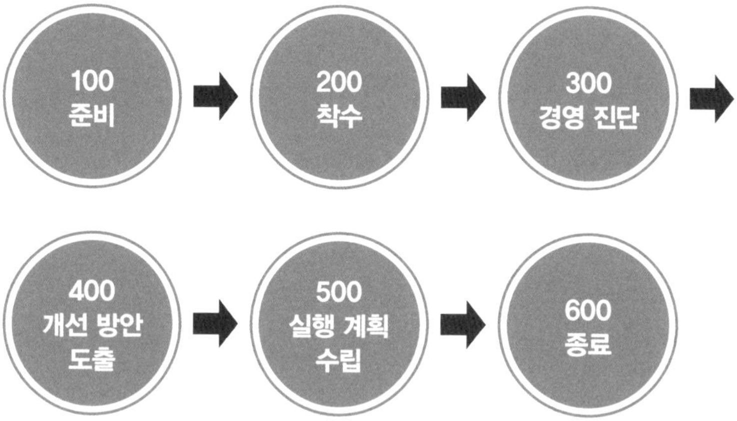

지게차를 운전하는 프로 컨설턴트

프로 컨설턴트 활동은 경영의 모든 분야에 적용된다. 현장에서 지게차를 운전하는 사람이 자신의 일에서 축적된 경험을 기반으로 현장의 지게차 운전에 관련하여 다른 이에게 컨설팅을 해줄 수 있을 만큼 체계적인 지식을 갖춘다면 이 사람은 지게차 운전 프로 컨설턴트로 활동할 수 있다.

자신에게 주어진 일을 성실하게 수행하는 것은 기업에서 근무하는 조직원의 기본 역할이다. 하지만 여기에서 그치지 않고 자신의 업무에서 성실한 수행을 바탕으로 새로운 가치를 창출하면 프로 컨설턴트가 된다.

남동공단 지게차 운영 컨설팅 사례

실제로 인천 남동공단에서 20년 넘게 지게차를 운전한 A씨의 경우는 현장에서 수많은 작업을 진행하면서 시간이 많이 걸리고 위험한 지게차 작업을 효율적이면서도 안전하게 운영할 수 있는 방법을 스스로 터득했다.

그는 이러한 경험을 그냥 자신의 머릿속에 저장해두고 혼자만 알고 있지 않았다. 자신이 알고 있는 것, 알게 된 것 등을 체계적으로 정리하여 다른 사람들이 쉽게 습득할 수 있는 '지게차 운영 프로세스'를 구성했다. 그리고 이 프로세스를 중심으로 어떠한 현장에서도 지게차를 효율적이고 안전하게 운영할 수 있는 매뉴얼을 만들었다.

경험을 지식 체계로 전환하는 새로운 시각

현장에서 지게차를 운전하는 사람들 중에는 관련 교육을 이수하였거나 자격증을 취득한 사람들이 있다. 하지만 많은 경우 자신이 알고 있는 이론적인 내용과 달리 각 현장의 특성에 따라 작업을 진행하게 된다. 대표적인 것이 특정 시간에 작업이 몰리는 경우다.

이런 경우에는 흔히 여러 사람이 교대로 지게차를 운전하게 된다. 이는 상당히 비효율적인 방법이지만 현장에서는 별 고민 없이 관습적으로 진행된다. 이때 필요한 것이 현장의 지게차 운영에 따른 새로운 시각, 새로운 접근이다.

시간의 문제로 여러 사람이 교대로 지게차를 다루게 되면, 일반적인 지게차 운영 프로세스와 다른 프로세스가 필요하다. 지게차 전체 운영 시간도 길어지는데 지게차 운전에 미숙한 사람이 운전하는 시간까지 길어지다 보니 전체 업무의 효율이 떨어진다. 뿐만 아니라 지게차 운전에 의한 사고 발생률이 증가한다. 이러한 문제를 감소시키기 위해 지게차와 관련된 많은 경험을 가지고 있으면서 현장 안전에 대한 충분한 지식을 가지고 있는 지게차 프로 컨설턴트가 필요한 것이다.

실제로 앞서 말한 A씨는 작업장에 지게차 운영의 기준을 설정하고, 그 기준에 따라 우선적으로 작업해야 하는 순서를 정해주었다. 또한 모두가 볼 수 있는 장소에 지게차 운전에 필요한 필수 사항과 규칙을 공지하였다. 그 결과 작업장의 효율은 증가하고 사고율은 감소하였다.

이렇듯 A씨는 자신의 경험에 지식 체계를 추가하여 지게차 프로 컨설턴트로 활동하고 있다.

지게차 프로 컨설턴트인 A씨는 이런 자신만의 지게차 운영 매뉴얼을 가지고 작업 현장에서 강의를 진행한다. 또 중요 고객사의 경우에는 짧게는 며칠에서, 길게는 몇 개월까지 상주하며 지게차 현장의 작업 효율성을 높이는 작업을 한다.

최근에는 A씨의 사례와 같이 자신의 경험과 지식 체계를 가지고 고객사의 새로운 가치를 창출해내는 프로 컨설턴트들의 활동이 중요시되고 있다.

새로운 가치를 창출하는 컨설팅 비즈니스

우리는 높은 수준의 가치를 창출해야 하는 시대에 살고 있다. 이러한 사회적 요구가 일반화되면서 새로운 가치 창출에 대한 기업들의 노력도 세분화되어 그 정도에 따라 다른 결과물로 나타나고 있다. 그 구분은 높은 수준의 가치를 창출하는 기업과 중간적인 수준의 가치를 창출하는 기업, 그리고 낮은 수준의 가치를 창출하는 기업으로 총 3가지 형태로 나눌 수 있다.

이러한 기업들이 지속 성장을 위해 노력하는 부분도 3가지로 구분할 수 있다. 첫째, 높은 수준의 가치를 창출하고 있는 기업들은 그 '경쟁력을 유지'하기 위해서 노력한다. 둘째, 평균 수준의 가치를 창출하고 있는 기업들은 '경쟁력을 강화'하기 위해서 노력하며, 셋째, 낮은 수준의 가치를 창출하고 있는 기업들은 '생존'을 위해 노력한다.

이렇듯 정도의 차이는 있지만 모든 기업이 새로운 가치 창출에 집중하고 노력한다는 의미다. 그리고 이렇게 점점 더 커지고 있는 새로운 가치 창출에 대한 요구가 프로 컨설턴트 시장을 확장시키고 있는 것이다. 즉, 지금 시장은 새로운 가치 창출을 지원하는 프로 컨설턴트들의 활동이 더 많이 요구되는 것이다.

높은 수준의 가치를 창출하고 있는 기업

비즈니스에서 높은 수준의 가치를 창출한다는 것은 기업의 재무 구조가 좋아진다는 것을 의미한다. 이러한 기업들은 4분기에 들어서면 다음 연도 사업을 위해 한 해 동안 비즈니스에서 창출한 성과를 분석하고 그를 기반으로 다음 연도 비즈니스를 어떻게 운영할 것인가를 준비한다.

이때의 핵심은 비즈니스 상태를 그대로 유지할 것인가, 아니면 고객의 욕구 충족과 경쟁 우위 확보를 위해 새로운 투자를 진행할 것인가이다. 이러한 경우 기업들은 기업 내부의 역량만으로 충분한 수준의 미래 경영 전략을 확보하기 어렵기 때문에 컨설팅 서비스의 도움을 받는다.

필자는 이러한 기업에서 컨설팅 요청이 들어오면, 컨설팅을 시작하기 전에 그 기업의 주식을 소량 구입한다. 그 기업의 주식을 가짐으로써 컨설턴트는 수행 기업의 비즈니스에 대해 단순한 조력자 역할이 아닌 경영자의 관점을 유지할 수 있기 때문이다.

지금까지 필자가 컨설팅을 시작하면서 구입한 기업 주식의 수익률은 웬만한 펀드매니저 평균 수익률의 두 배쯤 된다. 주식에 대한 지식이 거의 없는 필자가 이처럼 높은 수익률을 낼 수 있었던 비법은 간단하다. 컨설팅을 의뢰하는 대부분의 기업들은 현재의 비즈니스에서 높은 성과를 내고 있으며, 내년에 대한 준비도 철저히 하고 있다는 것을 알고 있었기 때문이다. 이러한 기업들 주식의 특징은 장기적으로 우상향하는 상승 그래프를 그리는 경우가 많다.

평균 수준의 가치를 창출하고 있는 기업

기업은 고객과 경쟁자 사이에서 경쟁력으로 평가받는다. 즉 기업이 제공하는 가치가 경쟁자와 비교해서 우위를 점하지 못하면 기업은 시장에서 지속적으로 성과를 내기 어렵게 된다.

비즈니스에서 평균 수준의 성과를 유지하는 기업들은 대부분 시장 경쟁력을 유지하고 있으나 지속적으로 성장할 수 있는 동력을 확보하지 못한 경우가 많다. 이러한 기업들의 고민은 '어떻게 비즈니스의 경쟁력을 추가로 확보할 수 있는가'에 맞춰져 있다. 따라서 이러한 기업들이 컨설팅을 요청하는 것은 현재의 경쟁력 확보 방안을 찾기 위해서다.

이에 적합한 사례로 필자가 컨설팅을 진행한 기업이 있다. 이 기업의 비즈니스는 전체적으로 성장이 정체되어 있고, 경쟁은 매우 치열한 패션 관련 사업으로 이곳에서 지속적인 성과 창출을 위해 컨설팅을 의뢰했었다. 필자는 이 기업의 마케팅 부분 개선을 통한 성과 창출에 집중했는데 당시 진행한 내용은 다음과 같다.

패션 기업의 유통 혁신 컨설팅 사례

패션 사업은 대표적인 레드오션 시장이다. 치열한 경쟁과 불황으로 인해 매출이 부진한 경우가 많다. 그러나 매출 부진의 이유가 외부 원인에만 있는 것은 아니다. 우선 이 기업의 성과가 부진한 이유부터 분석해보았다.

성과 부진의 악순환 고리 파악

패션 기업들은 시장이 성장하는 시기에는 대리점 수를 확대하고 매 시즌마다 신제품을 시장에 공급하는 방식으로 성장해 왔다. 하지만 패션 시장의 성장이 정체되기 시작하면서 기존 대리점의 매출 증가율이 감소하였다. 또 매 시즌마다 회사에서 출시하는 신제품의 마케팅 비용은 증가하는 반면 매출은 증가하지 않은 현상이 지속되고 있었다.

성과 창출 요소의 마케팅 역량 강화

필자는 이 기업에 시장 경쟁력을 확보하기 위한 방법으로 마케팅 역량 강화에 집중할 것을 요구했다. 특히 우리나라의 전체 패션 시장이 성장하던 시기에 가지고 있었던 마케팅 구조를 개선하여 저성장 시장의 치열한 경쟁에서도 지속적으로 성과를 창출할 수 있는 마케팅 조직을 구축할 것을 강조했다.

관리 중심에서 문제 해결 중심으로

이 기업에서 마케팅 부문의 개선을 통한 성과 창출이라는 컨설팅 방향을 설정하고 난 뒤에 가장 먼저 실행한 것은 대리점들이 가지고 있는 요구와 니즈를 파악한 것이다.

현장 대리점의 인터뷰를 통해 그들이 가지고 있는 문제들을 파악하고 이를 해결하기 위한 방법으로 기존의 영업 방식을 관리 중심의 영업에서 문제 해결 중심의 영업 형태로 개선한 것이다.

필자는 우선 대리점들의 현재 영업 방식을 파악했다. 그 결과 본사의 영업직원이 대리점을 방문했을 때 점주와 매출에 대한 부분만 확인한 뒤 본사의 정책을 전달하는 단순한 전달자 역할을 하는 것이 전부라는 것을 알았다. 그래서 영업직원이 대리점의 문제를 파악하고 그 문제의 해결책에 대한 부분을 점주와 협의하도록 하였다. 그리고 협의를 통해 도출된 결론에서 대리점 자체로 개선할 부분과 본사에서 지원할 부분을 구분한 뒤 각자의 문제를 개선해 나가도록 컨설팅하였다.

이 과정에서 본사 영업직원들의 호칭을 세일즈 컨설턴트로 변경했다. 그리고 이들이 가진 문제 해결 역량을 강화하기 위한 식스모델 프로그램을 개발하여 집중적인 트레이닝을 시작했다.

이러한 작업들이 진행되면서 점차 세일즈 컨설턴트의 활동이 증가되고 대리점이 가지고 있는 판매 현장의 커뮤니케이션 등 여러 문제점들이 하나씩 개선되면서 경쟁력이 높아지기 시작했다. 이러한 변화는 처음에는 느리게 진행되었지만 3개월이 지나면서 점점 속도가 빨라졌다.

이후 현장 대리점들의 문제점이 빠르게 해결되어 대리점의 성과 창출 역량이 강화되었고, 이를 통해 지속성장이 가능한 구조를 만들어냈던 컨설팅 사례이다.

내부 컨설팅 조직의 운영

시장에서 평균적인 성과를 창출하는 기업들의 공통점은 내부에서 빠른 변화를 끌어내기 어렵다는 점이다. 이러한 기업들은 적은 인력을 가지고 다수의 기업과 경쟁하기 때문에 직원들마다 과다한 업무 처리에 어려움을 겪고 있다. 이런 경우의 컨설팅에서는 내부 직원들의 업무 중에 불필요한 부분을 줄여가면서 새로운 방식을 도입하여 직원들의 업무에 대한 추가 부담을 최소화하는 것이 필요하다.

컨설팅의 가장 큰 성과

평균적인 성과를 창출하는 기업들이 컨설팅을 통해서 얻을 수 있는 가장 큰 성과는 내부 직원들의 역량 강화를 통한 성과 창출이다. 즉 기존의 업무 수행 방식을 전문가적인 업무 수행 방식으로 전환하는 것이다.

프로 컨설턴트가 내부에서 활동하는 경우 회사 내부에 축적된 전문 지식을 효과적으로 활용할 수 있기 때문에 외부에 있는 프로 컨설턴트보다 짧은 기간에 더 높은 성과를 달성할 수 있다는 장점을 가질 수 있다.

낮은 수준의 가치를 창출하고 있는 기업

비즈니스에서 낮은 수준의 성과를 내고 있는 기업들을 분석하면 3가지로 분류할 수 있다. 원래 높은 수준의 성과를 창출하는 기업이었는데 시간이 지나면서 조금씩 경쟁력이 떨어진 기업, 비즈니스의 업력은 오래되었지만 처음부터 낮은 성과를 내고 있는 기업, 마지막으로 최근에 비즈니스를 시작하여 낮은 성과를 내고 있는 기업으로 분류된다.

우선 시장에서 높은 성과를 창출하던 기업이 점차로 경쟁력을 잃어 가면서 낮은 수준의 성과를 창출하는 경우다. 이런 경우는 경영에 많은 노력을 기울였음에도 조금씩 그 경쟁력을 잃어가는 상황으로 경영의 방향성에 좀 더 깊은 고민이 필요하다.

즉 우리가 속한 산업과 경쟁사들은 성장하고 있는지, 우리 고객들의 욕구는 계속해서 발생하고 있는지에 대한 심도 깊은 분석이 필요한 것이다. 그래야만 우리 사업에 대한 변화의 방향성을 명확하게 설정할 수 있다.

이렇게 방향성이 명확해지고 난 뒤에는 내부에서부터 경영진을 중심으로 혁신적인 변화를 시도해야 한다. 그리고 이러한 경영혁신을 주도할 수 있는 프로 컨설턴트의 도움이 필요하다. 특히 이러한 경우에는 내부의 컨설턴트보다 외부의 프로 컨설턴트가 좀 더 명확하고 발전적인 혁신을 추진할 수 있다.

다음으로 지속적으로 낮은 성과를 창출하는 기업의 경우에는 내부적인 성공 체험이 부족한 경우가 많다. 이런 경우는 초창기 낮은 성과를 창출했는데 그 과정이 반복되면서 조직의 모든 시스템이 어느 정도의 수준으로 운영돼야 하는지에 대한 기준이 모호해졌기 때문이다.

예를 들어 반려동물 사업을 하는 기업의 경우에는 전체 시장이 매년 두 자릿수의 성장을 거듭하고 있지만, 내가 컨설팅한 한 기업은 10년 동안 같은 수준에 머무르고 있었다. 이 기업은 유망한 시장에 빠르게 진입했지만 기존에 가지고 있는 한정된 인력과 경영 자원의 한계 때문에 경영자와 직원들 모두가 새로운 성장의 돌파구를 찾지 못하고 있었다.

이때는 비즈니스 모델이 되는 기업을 찾아야 한다. 또한 모델이 되는 기업은 높은 수준의 가치를 지속적으로 창출하고 있어야 한다. 그리고 이 기업의 핵심 역량을 찾아서 연구해야 한다. 그

대상이 동종 산업에서 높은 수준을 창출하는 기업이면 더욱 좋지만 그렇지 못한 경우에는 이종 산업의 기업을 찾아보는 것도 좋은 방법이다.

높은 수준의 성과를 창출하는 기업들의 핵심 역량은 그 조직 안에 완벽하게 내재화되어 있고 다른 기업들이 쉽게 모방할 수 없는 구조를 가지고 있다. 때문에 우리 기업과 우수한 기업의 차이를 분석하고 그 갭의 수준을 진단하는 방식으로 우리 기업의 문제점을 도출해야 한다.

이렇게 기업의 문제가 도출되면 그 문제를 해결할 수 있는 전략과 실행 과제를 설정하고, 이를 체계적으로 실행함으로써 지금까지 가지지 못했던 경쟁력을 확보할 수 있다. 이러한 작업의 경우에는 우리 조직을 잘 알고 있는 내부의 프로 컨설턴트가 진행하는 것이 더 좋은 결과를 창출하기도 한다. 또 이러한 일을 할 적임자를 찾기가 어려운 경우에는 동종 산업에서 유능한 적임자를 영입하거나 내부에서 관련 업무를 추진할 사람을 발탁할 필요가 있다.

마지막으로 현재의 비즈니스를 막 시작하여 낮은 수준의 성과를 창출하는 기업이다. 이때 선발 기업들이나 기존의 높은 성과를 창출하고 있는 기업들은 비즈니스에서 안정적인 운영에 집중하기 때문에 시장이나 고객의 반응에 빠르게 대응하기가 어렵다. 하지만 후발 진입 기업의 경우에는 이러한 반응에 빠르게 대응할 수 있는 장점을 가지고 있다. 이 점을 이용하면 얼마든지 한 단계 도약할 수 있다. 그러니 현재 가지고 있는 조직 역량을 정확히 파악하여 상대적으로 강점이 있는 부분에 대한 개선에 집중해야 한다. 이때 핵심은 최고경영자의 마인드다.

이때 최고경영자는 조직의 구성원들과 하나의 팀으로 활동하면서 현장의 요구에 즉시 대응할 수 있는 경영 구조를 만들어야 한다. 특히 이러한 경우 최고경영자가 프로 컨설턴트의 역할을 하게 되면 그 기업의 성공 확률이 더욱 높아진다.

2장

경영 컨설팅의 성공 프로세스

사전에 준비하기

작곡을 하려면 악보를 그리고 볼 줄 알아야 한다. 그래서 작곡과 등에서 전문적으로 이론 기법을 배운다. 가볍게 즐기는 음악도 이처럼 체계가 필요한데, 컨설팅은 두말할 것도 없이 먼저 전문 지식과 이론 체계를 알아야 한다.

이 책의 2장에서는 컨설팅을 사전에 준비하기부터 지속적인 실행을 유도하기 등 이론에 대해 다루고자 한다. 3장과 4장에서는 이를 적용한 실제 사례에 대해 소개하고 실제 현장에서 어떻게 해야 하는지에 대해 이야기할 예정이다.

컨설팅 준비 단계의 주요 활동

앞서 경영 컨설팅 성공 프로세스는 '준비', '착수', '경영 진단', '개선 방안 도출', '실행 계획 수립', '종료'인 6단계로 정의된다고 했다. 그중에서 준비 단계의 목적은 프로 컨설턴트와 고객의 만남이 이루어지고 프로 컨설턴트는 예비 진단 및 제안을 통해 컨설팅 계약을 성사시키는 데 있다. 경영 컨설팅 준비 단계의 주요 활동은 '고객과 첫 대면', '예비 진단', '컨설팅 수행 계획', '고객에게 컨설팅 수행 계획 제안', '컨설팅 계약 체결' 등이다.

이 중에서 고객과의 첫 대면은 경영 컨설팅 전체 운영에 많은 영향을 끼친다. 경영 컨설팅은 고객과의 신뢰를 기반으로 운영된다고 해도 과언이 아니다. 그만큼 신뢰가 컨설팅 전반에 미치는 영향이 크다는 것이다.

프로 컨설턴트가 신뢰를 구축하는 데에는 프로젝트의 성격에 따라 오랜 시간이 걸리기도 하고, 짧은 시간 내에 구축되기도 한다. 그렇기 때문에 프로 컨설턴트는 고객과 짧은 첫 대면에서 생각의 핵심을 정리하여 명확하게 전달하는 것이 반드시 필요하다.

첫 대면 후 진행할 것은 경영 컨설팅의 예비 진단이다. 이를 설명할 때 의사가 환자를 진료하는 것에 비교하여 설명하는 경우가 많다. 의사는 환자가 오면 현재 어떤 상태인지, 어떤 질병을 가지고 있는지, 환자가 어떤 상태로 좋아지기를 원하는지를 알아내야 한다. 그래야 환자에게 정확한 처방을 할 수 있다. 프로 컨설턴트도 예비 진단의 단계를 통해서 고객이 현재 어떠한 상태이고, 어떤 문제를 가지고 있고, 마지막으로 어떤 상태가 되기를 원하는

지를 알아내야 한다.

그 다음은 예비 진단을 통한 컨설팅 수행 계획을 수립하는 것이다. 그런데 예비 진단 단계에서 도출된 내용들이 고객이 원하는 니즈와 부합하지 않는다면 문제가 발생한다. 이 문제는 마치 의사가 머리가 아픈 환자에게 배가 아픈데 먹는 약을 처방하는 것과 비슷한 결과를 만들어 낸다.

마지막으로 수행 계획보다 더 중요한 것이 고객에게 컨설팅 수행 계획안을 제안하는 것이다. 만약 고객이 프로 컨설턴트가 제안하는 컨설팅 수행 계획안을 접하고 고객 스스로 이 내용은 내가 원하는 부분과 다른 내용이라고 인식하게 되면 앞서 실행한 모든 것이 원점으로 돌아갈 수 있다.

다시 한 번 컨설팅 준비 단계의 주요 활동을 정리해 보면 다음과 같다. 고객과 첫 대면을 통해서 신뢰를 형성하고 예비 진단을 통해 고객이 가지고 있는 문제들을 세밀하게 검토한 후 컨설팅을 어떻게 진행할 것인지에 대한 수행 계획을 제안한다. 마지막으로 제안에 대한 고객의 합의를 이끌어 냄으로서 향후 진행될 컨설팅에 대한 계약을 이끌어 낸다.

☑ Check point

프로 컨설턴트의 주요 활동

– 고객과 첫 대면
– 예비 진단
– 컨설팅 수행 계획
– 고객에게 컨설팅 수행 계획 제안
– 컨설팅 계약 체결

컨설팅 준비 단계의 산출물

프로 컨설턴트가 컨설팅 준비 단계에 필요한 것이 6가지 있다. 바로 '상담 일지', '예비 진단서', '사전조사 검토서', '자료 요청서' 또는 '제안 요청서', '제안서와 발표 자료', '계약서' 등이다. 이 중에 상담 일지는 컨설팅을 진행하기 위해 진행된 상담 내용에 대한 것을 일지로 작성하고 기록하는 것이다.

프로 컨설턴트가 프로젝트 관련 일지를 작성하는 것은 두 가지 목적이 있다. 첫째, 문서화된 서류를 고객과 공유함으로써 동일한 사안에 대한 고객의 합의 수준을 높일 수 있다. 둘째, 프로 컨설턴트 스스로가 프로젝트 진행에 대한 명확한 관리가 가능해진다.

이 때문에 수시로 상담 및 회의가 이뤄져도 프로 컨설턴트는 고객과 상담한 내용을 미팅 건 별로 또는 일간, 주간, 월간 단위로 상담 일지 작성이 필요한 것이다. 이러한 작업을 통해 프로 컨설턴트가 고객의 요구를 정확하게 인지하고 있다는 사실, 이에 따른 해결 방법을 고민하고 있다는 것, 프로젝트가 일정대로 진행되고 있다는 것을 고객에게 알림으로써 고객의 신뢰를 높일 수 있다.

☑ Check point

컨설팅 준비 단계에서 필요한 6가지

– 상담 일지
– 예비 진단서
– 사전조사 검토서
– 자료 요청서 또는 제안서
– 제안서와 발표 자료
– 계약서

프로 컨설턴트의 머리, 가슴, 행동

컨설팅 준비 단계에서는 고객과 프로 컨설턴트의 신뢰 관계를 구축하는 것이 중요하다. 또 고객과의 커뮤니케이션을 통해 프로젝트의 수행 목적을 정확하게 파악하기 위해 프로 컨설턴트는 다음 3가지의 요소를 가지고 프로젝트를 진행해야 한다.

첫째, 고객의 새로운 가치를 창출하는 것은 고객을 향하는 머리에서 시작된다고 말한다. 즉 프로 컨설턴트 자신이 가지고 있는 기존의 생각에서 벗어나 고객의 입장에서 고객의 상황에 맞는 새로운 생각을 가지고 접근하는 것이다. 하지만 프로 컨설턴트가 새로운 시각만을 가지고 고객에게 접근하는 것은 고객이 가지고 있는 문제를 해결하거나 프로젝트를 통해 성과를 창출하는 데 한계가 있다는 점도 명심해야 한다.

둘째, 프로 컨설턴트가 가지고 있는 지식 체계를 어떻게 적용하는가 하는 부분이다. 이는 문제에 도전하는 열정을 의미한다. 즉 프로 컨설턴트의 가슴에 있는 문제를 해결하고자 하는 뜨거운 욕구라 할 수 있다.

마지막으로 현장에서 프로 컨설턴트가 활동할 때에는 자신의 경험이 발휘된다. 이 경험으로 프로 컨설턴트들이 똑같은 일을 똑같은 상황에서 똑같은 시간을 들여 진행해도 경험에 따라 전혀 다른 결과를 만들어 낸다. 이것은 마치 운동선수가 동일한 동작을 수십 번 또는 수백 번 반복하면서 그 동작에 대한 정확도를 높여가는 것과 같다. 프로 컨설턴트 역시 똑같은 컨설팅 환경에서 얼마나 많은 고객의 변화를 이끌어 내는가는 그 프로 컨설턴트가 가지고 있는 축적된 경험에 의해 결정되는 것이다.

이처럼 프로 컨설턴트는 고객의 요청으로 프로젝트의 준비 단계가 실행되면 고객 간의 신뢰를 형성하기 위해 커뮤니케이션을 시작한다. 그리고 이를 바탕으로 컨설팅 수행 목적을 파악하는데 고객을 향하는 머리와 문제에 도전하는 가슴과 변화를 만들어 내는 발을 통해서 성과를 창출하게 된다.

프로 컨설턴트의 자세

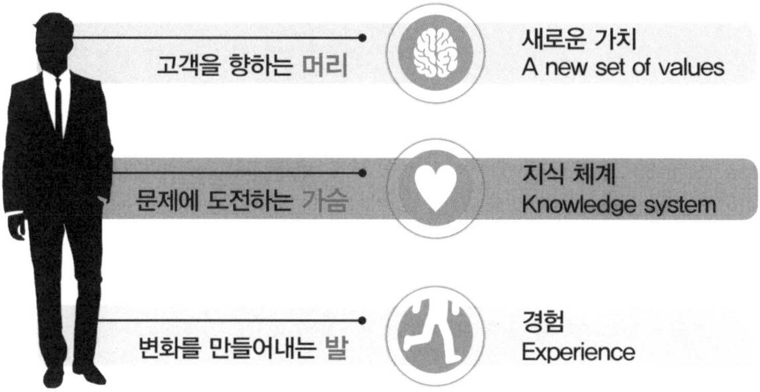

컨설팅 제안서의 구성 요소

컨설팅 준비 단계의 프로세스는 '초기 상담의 진행', '예비 진단 및 사전 조사 실시', '제안서 작성', '제안 프레젠테이션 실시', '계약의 단계'로 정의된다. 이 단계에서는 작성되는 제안서의 목차에는 '제안의 목적 및 배경', '수행 범위', '사업 추진 방향 및 주요 내용', '사업 추진 전략 및 목표', '제안의 특징 및 장점', '기대 효과'가 나타나야 한다.

컨설팅 프로세스의 준비 단계

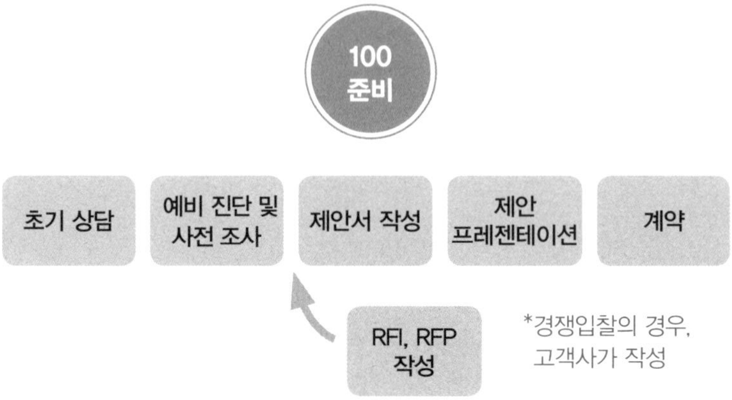

* RFI(Request For Information, 자료요청서, 보통 프로젝트 초기에 고객사에게 요구한다.)
* RFP(Request For Proposal, 제안 요청서, 발주자가 필요로 하는 과제의 내용을 담아서 제안할 수 있도록 제공하는 문서.)

프로젝트 추진 체계

이러한 프로젝트 제안서의 추진 체계는 전략들을 중심으로 '프로젝트의 진단 및 방향 설정', '전략 설계', '실행 체계 구축'으로 구분해서 설계할 수 있다.

진단 및 방향 설정은 이 프로젝트를 어떤 쪽으로 진행할 것인가에 대한 결정을 하는 것이다. 여기서 내린 결정은 현황 진단을 통해서 분석되고 이 현황 진단은 크게 '기업의 외부 환경 분석', '내부 환경 분석', '벤치마킹', '이슈 및 방향성 도출' 등 4가지로 구분할 수 있다.

전략의 설계 단계는 '전략 사업 단위 설정', '사업 전략 수립', '중장기 전략 체계 수립'으로 구분할 수 있다. 세 번째로 실행 계획을 수립하고 향후 변화 관리 방안까지를 세부적으로 구축하는 것이 핵심 포인트다.

프로 컨설턴트가 컨설팅 준비 단계에서 제안서에 작성하는 프로젝트 추진 체계는 진단 및 방향 설정, 전략 설계, 실행 체계의 틀 안에서 세부적인 활동들을 정의하는 것이다. 이렇게 함으로써 전체 운영 단계에서 이 프로젝트의 진행 순서와 중요성을 한눈에 볼 수 있게 한다.

제안 업체 일반

프로 컨설턴트의 제안서에는 제안 업체의 일반 현황, 조직 및 인원, 주요 사업 내용, 주요 사업 실적에 대한 부분들이 명확하게 고객에게 전달될 수 있도록 나타나 있어야 한다. 또한 프로젝트 추진 방법이 프로젝트의 '추진 방법론', '산출물 내역', '상세 수행 방안' 등으로 기재되어 있어야 하는데 이는 우리가 프로젝트에서 추진하는 것에 대해 고객에게 확신을 주는 것들이다.

☑ Check point

제안 업체 일반

– 일반 현황
– 조직 및 인원
– 주요 사업 내용
– 주요 사업 실적

프로젝트 추진 방법

고객에게 우리가 프로젝트의 일정을 어떻게 관리하는지에 대해 추진 단계별로 어떤 활동을 하고 어떻게 공유할지를 알리는 것이 필요하다. 또 프로젝트의 품질을 일정한 수준으로 유지하기 위해 프로젝트 리더를 중심으로 산출물에 대해 어떻게 운영할 것인지 또 품질 관리 프로세스에는 어떤 것들이 있고, 이것을 가지고 고객들에게 어떻게 만족도 조사를 할 것인지 명확하게 제시해 주는 것이 필요하다.

프로젝트 관리 체계

프로젝트 산출물 관리를 통해서는 프로젝트의 목적 및 기대를 명확하게 하고, 산출물 명세서를 작성해서 고객에게 제시하는 것이 필요하다. 또 프로젝트를 진행하면서 발생하는 리스크나 이슈에 대해 어떻게 관리할지도 명확하게 제시하는 것이 필요하다.

프로젝트에서 고객은 프로 컨설턴트에게 고객이 가지고 있는 정보를 모두 공개한다. 이때 프로 컨설턴트는 고객에게 자신이 공개한 정보를 정확히 관리하고 있다는 것에 확신을 주어야 한다. 이 과정은 정보의 비공개 서약서 작성이나 컨설턴트가 가지고 있는 정보 관리 시스템을 고객에게 정확하게 설명하는 것에서 시작된다. 그리고 고객의 정보에 대해 사후 관리를 어떻게 진행할 것인지에 대해서도 고객에게 명확히 설명해줄 필요가 있다.

사업 관리 부문

사업 관리 부문에서는 '품질 보증 계획', '추진 일정 계획', '보고 및 검토 계획', '수행 조직 및 업무 분장', '투입 인력 및 이력 사항'을 명확하게 보여주어야 한다. 이렇게 함으로써 고객이 사사로운 것에 의문을 가지지 않게 만드는 것이 중요하다.

☑ Check point

사업 관리 부문

- 품질 보증 계획
- 추진 일정 계획
- 보고 및 검토 계획
- 수행 조직 및 업무 분장
- 투입 인력 및 이력 사항

지원 부문

지원 부문에서는 '교육 훈련 계획', '유지 보수 계획', '기술 이전 계획', '기타 지원 사항' 등을 제안서에 포함해서 고객의 의문점을 없애주는 것이 필요하다.

Check point

지원 부문

- 교육 훈련 계획
- 유지 보수 계획
- 기술 이전 계획
- 기타 지원 사항

시작하면서 해야 할 일

컨설팅 착수 단계의 주요 활동

경영 컨설팅 착수 단계는 준비 단계를 통해 프로젝트 계약이 완료된 후에 실제 프로젝트의 실행을 위한 프로젝트의 마스터플랜을 수립하고, 킥오프(Kick off, 발주처와 수행처의 담당자들이 한 자리에 모여 프로젝트 시작을 알리는 방식으로 진행)를 실시하는 단계로 정의할 수 있다.

즉, 프로젝트 계약-실행을 위한 마스트플랜 수립-킥오프 실시로 진행된다. 착수하는 단계에서 주로 하는 활동은 수행 계획을 수립하면서 프로젝트 태스크포스팀(Task Force Team)을 구성하고, 준비 워크숍(Workshop)을 통해 프로젝트의 추진 동력을 만드는 것이다. 마지막으로 킥오프를 통해 프로젝트가 시작되고 있음을 알리고 핵심 관련자들의 지원을 유도한다.

착수 단계에서 프로젝트의 시작을 알리는 것은 프로젝트의 성공 방정식을 만드는 것과 같다. 성공 방정식 수립의 대표인 카네기의 사례를 살펴보자.

철강왕 카네기의 성공 사례

미국의 철강왕 카네기는 철강 사업을 통해 현재 전 세계에서 가장 많은 부를 축적하고 있다는 마이크로소프트 사의 빌 게이츠가 미국에서 가지고 있는 부의 지분보다 더 많은 부의 지분을 가졌다. 그럼에도 카네기는 철강 사업이 최고점에 있을 때, 자신의 철강회사를 매각하고 미국 전역에 도서관을 짓기 시작했다. 그리고 그가 죽을 때까지 수천 개의 도서관을 미국 전역에 지었다. 그 결과 현재 미국의 지식 사회 기반을 마련했다는 평가를 받고 있으며 현재까지 미국 사람들에게 가장 존경받는 사업가로 평가받고 있다.

카네기는 평생 자신의 모든 것을 메모하는 습관을 가지고 있었다. 이 메모들은 후에 카네기 자서전으로 출간되었는데, 이 자서전을 읽어보면 카네기의 성공 철학이 명확하게 기록되어 있다.

카네기의 성공 철학은 목적과 목표를 명확하게 지니고, 목표를 종이에 적어서 벽에 붙여 시각화해서 항상 체크하였다. 그렇게 설정했던 목표가 달성되면 이를 파기하고 다음 목표를 적어 다시 벽에 붙이고 체크하였다.

프로젝트 착수 단계의 마스터플랜은 프로젝트에서 카네기의 성공 철학과 같은 역할을 한다. 프로 컨설턴트는 프로젝트에서 목적과 목표를 구분해서 설정할 수 있어야 한다. 또 그것을 마스터플랜에 명확하게 기술해야 한다. 그리고 프로젝트가 진행되는 동안에 마스터플랜을 체크하고 그 단계가 완성되면 다음 단계를 체크하는 활동을 진행해야 한다.

☑ Check point

철강왕 카네기의 성공 철학

1. 목적, 목표를 명확하게 한다.
2. 목표를 종이에 적어서 벽에 붙인다.
3. 붙여둔 목표를 항상 보고 체크한다.
4. 목료를 달성했으면 파기한다.
5. 다음 목표를 적어 벽에 붙이고 체크한다.

컨설팅 착수 단계의 산출물

프로젝트 추진 단계의 산출물은 프로젝트의 '마스터플랜', '태스크포스팀 추진 계획서', '킥오프 프로그램' 등을 예로 들 수 있다. 실제로 프로젝트가 시작되면 아무리 기간이 충분한 프로젝트라도 이상하리만치 금방 종료 단계에 이르게 된다. 게다가 프로젝트의 추진 동력이 부족하거나 핵심 관련자들의 지원을 받지 못하면 프로젝트 전체 진행에 어려움에 봉착하게 된다.

프로 컨설턴트는 세부적으로 정리된 프로젝트 마스터플랜의 작성과 태스크포스팀 추진 계획서 그리고 킥오프를 추진하기 위한 프로그램을 확정한다. 이로써 프로젝트의 추진 동력을 확보하는 것이다.

☑ Check point

컨설팅 착수 단계의 산출물

- 마스터플랜
- 태스크포스팀(TFT) 추진 계획서
- 킥오프(Kick off) 프로그램

컨설팅 착수 단계의 추진 체계

프로젝트 착수 단계는 일반적으로 프로젝트의 범위를 정의하고, 추진 조직 및 역할을 규정한 뒤, 프로젝트 일정 계획 수립한 다음 의사소통 방법을 정의하고, 프로젝트 추진 계획을 확정한다. 그리고 마지막으로 프로젝트 킥오프의 단계로 진행된다. 이 중에서도 프로젝트의 킥오프는 고객과 프로 컨설턴트가 프로젝트의 시작을 알리는 중요한 일정이다. 그래서 프로젝트의 성공을 위해서 프로 컨설턴트는 철저한 사전 준비를 통해 킥오프를 성공적으로 진행해야 한다.

착수 단계에서 중요한 것은 공식적인 문서다. 프로젝트를 관리하고 통제하는 공식적인 문서는 최고 경영층으로부터 승인을 받았을 때만 유효하다.

또 프로젝트를 진행하다 보면 고객의 상황은 수시로 변화된다. 이러한 변화에 대응할 수 있도록 프로젝트 계획서에는 프로젝트의 관리 전략, 범위, 비용 견적, 일정 및 책임 할당, 일정과 비용에 대한 성과 측정의 부분까지 포함되어 있어야 한다. 또한 주요 일정표, 참여 요원, 주요 위험 요소, 보조적 관리 계획, 미결정 사항까지를 프로젝트의 계획서에 나타내는 것이 중요하다.

주어진 상황을 진단하기

컨설팅 진단 단계의 주요 활동

사람은 누구나 하루에 약 5만 개의 생각을 한다고 한다. 이 생각을 담당하는 뇌의 구조는 상당히 복잡해서 이를 복잡계라고 말하기도 한다. 이런 생각을 구조적으로 나누면 크게 기존에 늘 하는 생각과 새로운 생각으로 구분된다.

경영 컨설팅 경영 진단 단계는 고객이 직면한 현안과 달성하고자 하는 목표에 대해 심층적으로 정보 수집을 하고 이를 통해 문제 파악과 원인을 규명하는 단계이다. 이때 프로 컨설턴트가 늘 하던 생각을 기준으로 고객이 가지고 있는 문제를 해결하려고 한다면 그 해답을 찾기가 어렵다.

그래서 이 단계에서는 기존에 가지고 있던 고정관념에서 벗어나 새로운 생각을 하는 것이 매우 중요하다. 프로 컨설턴트는 늘

하던 생각의 수준을 벗어나 새로운 생각의 관점에서 고객의 문제점을 찾으려고 노력해야 한다.

긍정적인 생각과 부정적인 생각의 구분 또한 중요하다. 심리학자들의 연구에 따르면 사람들이 하는 생각의 85%는 부정적이고 단지 15%만이 긍정적이라고 한다. 만약 고객의 새로운 가치 창출을 지원하는 프로 컨설턴트도 이런 비율로 생각의 수준을 유지한다면 프로젝트에서 고객의 새로운 문제점을 찾기가 쉽지 않다.

왜냐하면 사람은 부정적인 생각을 할 때보다 긍정적인 생각을 할 때 더 높은 성과를 나타내기 때문이다. 따라서 프로 컨설턴트는 늘 생각을 긍정적으로 유지하기 위해 노력해야 한다.

다음은 프로 컨설턴트가 자신의 생각을 긍정적으로 유지했을 때 컨설팅에 어떤 영향을 끼치는지 필자가 겪은 사례를 통해 공유해 보도록 하겠다.

M&A기업 컨설팅 성공 사례

앞서 언급했던 필자가 패션 기업의 프로젝트를 진행할 때의 사례다. 고객사는 의류 제품을 제조 판매하는 회사로, M&A를 통해 신발 브랜드를 인수했다.

어떻게 보면 시장에서 의류와 신발은 비슷한 카테고리로 묶을 수 있다. 하지만 좀 더 자세히 들여다보면 의류는 시장의 트렌드를 중요시하고, 신발은 기술과 전통을 중요시한다는 큰 차이점이 있다. 따라서 이 두 제품군의 특성과 기업 문화는 매우 달랐다. 당시 필자에게 주어진 임무는 이렇게 다른 두 기업의 문화를 융합시키는 것이었다.

이 프로젝트에는 필자를 포함, 3명의 프로 컨설턴트들이 마케팅, 인사, 생산 분야에서 회사의 각 파트에서 뽑은 프로젝트 리더 3명과 함께 컨설팅을 진행하게 되었다.

보통 컨설팅을 본업으로 하는 프로 컨설턴트들은 기업에서 일하는 직원들과 프로젝트를 진행할 때 회사 직원들의 컨설팅 진행을 초보적인 수준으로 다소 폄하하는 경향이 있다.

그도 그럴 것이 프로 컨설턴트는 컨설팅을 전문으로 하는 사람이다 보니 첫 대면만으로도 회사의 문제점 등을 파악하는 경우가 많다. 그러나 조직 내에 있는 구성원들은 늘 생활하는 관성에 의해 자신들이 가지고 있는 문제를 문제로 인식하지 못하는 경우가 많다.

이러한 특성에도 불구하고 당시 프로젝트에서 인사를 담당한 프로 컨설턴트는 직원들을 대하는 태도가 다소 달랐다. 프로 컨설턴트로서 직원이 가지고 있는 역량을 사실대로 평가하고 그 수준에서 성과물을 만들어 내기 위해 집중했다. 그리고 그 과정 속에서 컨설턴트가 도울 수 있는 부분을 찾아내고 해결해 성과를 내는 방법을 택했다.

그 결과 인사를 담당하는 컨설턴트는 그 프로젝트에서 마케팅과 생산 분야와 비교했을 때 훨씬 더 높은 수준의 성과를 만들어 냈다.

사실 그 프로젝트에 참가했던 3명의 기업 직원들의 역량은 비슷했지만 컨설턴트가 고객사 직원의 역량을 얼마나 긍정적으로 받아들이고 진행하느냐에 따라서 그 결과는 크게 달라진 것이다.

컨설팅 경영 진단 단계의 산출물

경영 진단 단계를 통해서 산출되는 산출물은 '인터뷰 결과 보고서', '설문 조사 보고서', '분석 보고서' 등이 있다. 이러한 보고서는 프로젝트의 방향성에 영향을 미치는 결과물이다. 프로 컨설턴트는 경영 진단 단계의 산출물인 보고서를 얼마나 체계적으로 정리하는가에 따라서 향후 진행 단계에서 좀 더 쉽게 프로젝트의 핵심으로 접근할 수 있다.

☑ Check point

경영 진단 산출물

- 인터뷰(표적집단면접법(FGI), 집단심층면접(FGD))
- 설문조사 보고서
- 분석 보고서(거시환경, 산업현황, 고객 특성)

컨설팅 경영 진단 단계의 추진 체계

결론적으로 경영 진단의 주요 활동을 본다면 '자료 분석', '설문조사', '진단 프로세스 운영', '사실 수집', '분석 프로세스 운영', '고객 피드백'으로 구분할 수 있다.

이 중에서도 자료 분석의 단계에서 1차 자료와 2차 자료를 얼마나 분석하는지에 따라 프로젝트의 결과물에 많은 차이가 발생한다.

이때 1차 자료는 프로 컨설턴트가 직접 만든 자료를 의미하며, 2차 자료는 본인이 직접 만든 자료 외에 다른 사람들이 만든 모든 자료를 의미한다.

요즘같이 정보가 많은 시대에는 특히 2차 자료를 처리할 수 있는 능력이 프로젝트의 성과에 많은 영향을 준다. 프로 컨설턴트가 경영 진단의 단계에서 2차 자료를 효율적으로 처리한다면 보다 정확하게 고객사를 진단할 수 있을 것이다.

또한 프로 컨설턴트는 2차 자료를 폭넓게 분석함으로써 프로젝트의 전체적인 운영시간을 단축할 수 있다. 특히 많은 정보를 정확하게 처리할 수 있는 프로 컨설턴트의 자료 처리 역량은 전체 프로젝트의 성과와 직접적으로 연결되어 있다.

더 좋은 방안을 개발하기

컨설팅 개선 방안 도출 단계의 주요 활동

경영 컨설팅의 개선 방향 도출 단계는 진단 단계를 통해 파악된 '문제의 원인'을 바탕으로 개선 방안을 도출하는 단계다. 이때 중요한 것은 고객의 요구에 맞춰진 컨설팅의 개선 방향 도출이다. 만약 프로 컨설턴트가 '자신의 판단을 기준으로' 개선 방향을 도출하는 경우에는 고객의 실행을 끌어내기가 어렵다. 그래서 고객의 기대 사항을 개선 방향에 반영하는 것이 필요하다.

이 단계의 주요 활동은 '해결 대안의 개발', '대안 평가', '해결안 제시'로 구분할 수 있다. 프로 컨설턴트는 고객이 가지고 있는 문제에 대한 해결 대안을 개발하고 개발된 대안들을 평가한다.

대안 평가에서는 프로 컨설턴트가 가지고 있는 평가 기준을 반영하는 경우도 있고 고객의 생각을 반영해서 평가 기준을 새로 설정하는 경우도 있다. 어떤 쪽이든 이러한 단계를 통해서 고객에게 해결안을 제시하는 것이 주요 활동이다.

☑ **Check point**

개선 방안 도출의 주요 활동

- 해결 대안 개발
- 대안 평가
- 해결안 제시

컨설팅 개선 방안 도출 단계의 산출물

이 단계의 산출물은 '개선 방향 수립', '대안 평가서', '최적안 도출', '중간 보고서' 등이다. 프로젝트의 성과에 직접적인 영향을 주는 개선 방안들을 체계적인 방법을 적용해 도출하는 것은 복잡하지만 필요한 작업이다.

경영 진단 단계에서 도출된 자료를 중심으로 개선 방안을 도출한 후에 대안에 대한 평가를 통해서 최적안을 도출함으로써 프로젝트의 강력한 실행 동력을 확보하게 된다. 이러한 내용을 중간 보고서에 정리하여 전체에게 공유함으로써 다른 조직의 협력을 이끌어 낼 수도 있다.

컨설팅 개선 방안 도출의 추진 체계

이 단계는 일반적으로 '사업 이슈 분석', '해결 방안 정리', '대응 방안 도출', '대응 방안 검토', '전략 과제 도출', '정의서 작성'으로 진행된다. 이때 각각의 내용을 독립적으로 진행하는 것보다 전체의 진행을 어떻게 연결하여 효과적인 결과물을 만들어 내는 기술이 필요하다.

프로 컨설턴트가 해결안을 만들기 위해 여러 가지 툴을 연결하여 유기적으로 활용할 수 있다면 좀 더 효율적으로 시간을 활용할 수 있다.

예를 들어 사업 이슈 분석의 경우에는 '브레인라이팅(생각하며 써보기) 기법'을 활용하여 새로운 아이디어를 도출하고, 도출된 아이디어들을 'KJ법(KJ Method, 전 도쿄공업대학 교수인 가와기타 지로의 정보 정리법, 발상법)'을 활용하여 정리한 뒤, 목록으로 만들어 누락을 방지한다. 그 다음 '갤러리워크(미술관 등에서 도슨트가 사람들에게 설명해 주듯이 1명이 내용들을 정리해 대표로 설명하는 방식)'를 통해 중복을 배제한 후에 최종적으로 '도팅 기법(현실에 적용하기 쉽고 실천할 수 있는 아이디어를 선택)'을 활용해 최종안을 결정하는 단계를 거친다. 이렇게 4가지의 기법을 연결하여 활용하면 짧은 시간에 핵심적인 결과물을 중복과 누락이 없이 도출할 수 있다.

☑ Check point

개선 방안 도출

- 사업 이슈 분석
- 해결방안 정리
- 대응 방안 도출
- 대응 방안 검토
- 전략과제 도출
- 정의서 작성

지속적인 실행 유도하기

컨설팅 실행 계획 수립의 주요 활동

경영 컨설팅 실행 계획 수립 단계의 목적은 개선 방안 실행을 위해 상세한 실행 계획을 수립하는 것이다. 고객이 어떠한 일들을 수행할 수 있는 수준의 결과물을 도출하기 위해서 컨설턴트는 여러 번의 검증을 통해 검증된 결과물을 만들어야 한다. 특히 이러한 결과물들은 고객의 입장에서 볼 때 이해하기 쉽고 상세하게 정리되어 있어야 한다.

이 단계에서 컨설턴트는 실행 계획을 수립한 뒤 고객의 실행을 지원해야 한다. 또한 해결안을 조정하면서 고객이 지속적으로 실행하는데 필요한 부분의 교육과 훈련까지를 실행 계획에 나타내 주어야 한다.

이때는 고객이 도출된 실행안을 단지 실행하는 수준에서 그치는 것이 아니다. 고객이 자신의 새로운 성과를 창출하기 위해 설정된 실행안을 쉽게 실행할 수 있어야 한다. 그리고 그 실행을 통해서 좀 더 많은 결과물들을 얻을 수 있는지가 나타나 있어야 한다.

이런 결과를 가져오기 위해서 컨설턴트는 고객의 실행을 어떻게 지원하고 해결안을 어떻게 조정하며 이를 위한 교육과 훈련을 어떻게 실시할 것인지에 대한 부분을 상세하게 나타내 주어야 하는 것이다.

☑ **Check point**

실행 계획 수립 주요 활동

– 실행 계획 수립
– 실행 지원
– 해결안 조정
– 교육 훈련 실시

컨설팅 실행 계획 수립의 산출물

이 단계의 산출물은 실행 계획서와 필요에 따라서는 교육 훈련 계획서가 같이 첨부되기도 한다.

☑ **Check point**

실행 계획 수립 산출물

- 실행 계획서
- 교육 훈련 계획서

컨설팅 실행 계획 수립의 추진 체계

이 단계는 실행 단계의 '설정', '단계의 정의', '기대 파악', '핵심 행동 도출', '평가 기준 설정', '우수 사례 도출'의 단계로 설명할 수 있다. 이때 컨설턴트는 이 6가지의 내용을 고객이 단계적으로 이해하는 수준이 아니라 현장에서 자신의 비즈니스에 직접 접목하여 활용할 수 있도록 상세하게 기술하는 것이 필요하다.

실행 계획을 수립할 때는 어렵고 복잡한 일들을 고객이 프로세스적인 차원에서 접근하여 해결할 수 있도록 하는 것이 필요하다. 그래서 각 단계별 상세한 설명이 있어야 한다. 이렇게 '구체화된' 실행 계획 수립의 '결과로는' 성과를 창출하는 활동을 반복적으로 만들 수 있는 것이다.

이러한 실행 프로세스를 구체적으로 구분하면 '실행 단계의 설정 및 정의', '고객의 기대 사항 정리', '핵심 행동 도출', '성공 사례 도출'로 설명할 수 있다.

멋지게 마무리하기

컨설팅 종료 단계의 주요 활동

경영 컨설팅 종료 단계의 목적은 프로젝트의 완료 결과를 보고하는 것이다. 그리고 후속 프로젝트를 제안한 후 프로젝트를 실행했던 개인이나 팀이 철수하는 것까지 포함된다.

이 단계의 핵심은 프로젝트의 결과물을 고객에게 잘 전달해서 고객이 만족할 수 있는 압도적인 반응을 얻어낼 수 있느냐 하는 것이다. 고객이 만족할 만한 반응을 얻기 위해서 프로젝트 진행에 대한 평가를 실시해야 한다. 그리고 이를 기반으로 최종 보고서를 작성하도록 한다.

작성된 보고서가 경영층의 최종 승인을 획득하고 난 뒤에 후속 작업에 대한 계획을 제시하고 철수한다.

☑ Check point

종료 단계의 주요 활동

- 평가 실시
- 최종 보고서 작성
- 경영층 승인 획득
- 후속 작업 계획
- 철수

컨설팅 종료 단계의 산출물

"제가 도울 수 있는 일이 무엇입니까?"

2시간 정도의 컨설팅 지도가 끝난 뒤 고객사 대표와 가진 미팅 시간에 내가 물었던 말이다. 이러한 질문을 던진 이유는 고객사 대표와 기업 경영에 대해 대화하는 과정에서 당면한 어려움을 극복하려는 진정한 열정이 느껴졌기 때문이다.

필자는 지금까지 컨설팅의 종료 단계에서는 '어떤 새로운 제안을 할 수 있을까?' 하는 생각에 집중해왔다. 하지만 이번 미팅에서는 조금 다른 대화가 진행되었다. 여러 가지 경영의 어려움을 이야기하고 그에 대한 조언을 구하는 고객사의 대표를 위해 내가 할 수 있는 일이 무엇인가에 대해 생각한 것이다.

이에 대한 고객사 대표의 대답은 단순했다. 프로젝트 성과를 지속하기 위해 컨설팅을 연장했으면 한다는 것이다. 이에 대한 나의 제안도 명확했다.

"우선 비용을 최소화하기 위해 기관에 지원을 신청하시죠. 그 방안이 어려울 경우 저에게 다시 요청하시면 제가 회사의 기준에 맞춰 지원할 수 있는 방법을 만들어 보겠습니다."

대부분의 고객들은 자신이 원하는 것에 대해 핵심을 말하지 못한다. 그래서 필자는 좀 더 많은 시간을 고객의 말에 집중한다. 내가 그러한 노력을 들이면 고객은 대화에서 스스로 생각을 정리한다. 그다음에 내가 하는 일은 고객의 결정을 촉구하는 것이다. 그래서 내가 이번 고객에게 결정을 촉구한 말은 "제가 도울 수 있는 일이 무엇입니까?"이었던 것이다.

컨설팅 종료 단계의 추진 체계

이 단계는 프로젝트를 통해서 도출된 방안을 '평가', '보고서 작성', '실무자 공유', '경영층 승인', '후속 작업 계획', '철수'의 단계로 진행된다. 이때 핵심은 보고서 작성이다.

컨설팅 보고서는 고객에게 컨설팅 전체에 대한 내용을 보여주는 최후의 작업이기 때문에 일정한 기준을 가지고 작성해야 한다.

양식적인 면에서는 보고서에 너무 화려한 서식이나 서체를 사용하는 것은 오히려 내용에 대한 주목도를 떨어뜨리는 결과를 만들기도 한다. 그러니 내용과 연관성이 높은 서식과 서체를 결정하는 것이 필요하다.

내용적인 면에서는 특정한 사항을 단정적으로 나타내거나 극단적인 표현을 하는 것은 피하는 것이 필요하다. 프로젝트의 결과물들은 상황의 변화에 따라서 매우 다르게 활용될 수 있다. 따라서 고객이 납득할 수 있는 수준의 표현을 하는 것이 필요하다.

3장

프로 컨설턴트 6 가지 비법의 시작

프로 컨설턴트의 식스모델 이해하기

프로 컨설턴트 식스모델의 정의

프로 컨설턴트로 활동하는 데는 경험과 지식 체계가 필요하다. 그 중에서 성과를 창출하는 프로세스를 컨설팅의 '식스모델' 이라고 한다. 식스모델은 컨설팅을 실제 진행하는 역량을 키우는 프로세스에 해당한다. 즉 프로 컨설턴트 식스모델(Six model of a professional consultant)이란 컨설턴트가 자신의 경험, 지식, 기술 등을 전달하여 고객의 새로운 가치를 창출하는 데 필요한 6가지 핵심 역량을 구조화한 것이다. 이 모델은 필자가 지난 10년 간 수행한 60개에 가까운 프로젝트에서 공통적으로 사용하여 그 성과를 확인하였다. 지식 체계를 구성하는 6가지 역량, 식스모델은 다음의 그림과 같다.

식스모델의 6가지 요소

복잡한 프로젝트를 효율적으로 진행하는 6가지 비법

식스모델의 구성은 '커뮤니케이션'을 중심축으로 '리서치', '컨설테이션', '코디네이션', '컨트롤', '카운슬'의 순서로 전개된다. 즉 6가지 역량 중에 가장 먼저 나오는 커뮤니케이션은 나머지 5가지 역량에 전체적으로 영향을 주면서 동시에 다른 역량들과 유기적인 연결고리를 가진다는 특징이 있다.

이외에 5가지 역량은 주로 프로젝트를 수행하면서 순차적으로 전개되는 특성을 가지고 있는데, 리서치의 경우에는 처음 컨설팅을 수행하기에 앞서 컨설팅 대상을 조사 분석하는 의미를 가지고 있다.

많은 컨설턴트들이 현장에서 프로젝트를 수행하면서 다양한 분야에서 다양한 문제에 직면하게 되는데 프로 컨설턴트의 식스 모델은 이러한 문제들을 구조화하여 체계적으로 처리할 수 있는 강력한 모델이다.

식스모델을 활용하면 복잡한 프로젝트를 동시에 여러 개 진행하여도 그 진행 체계를 명확하게 정리해줌으로써 효율적으로 프로젝트를 수행할 수 있다.

프로 컨설턴트 식스모델의 구조(Structure of Six Model)

식스모델의 구성 요소 중 첫 번째로 살펴볼 요소인 커뮤니케이션은 프로젝트를 수행하면서 그 대상과 진행하는 의사 전달의 빈도와 태도 그리고 내용의 적절성을 의미한다.

프로 컨설턴트가 프로젝트를 수행하는 경우에는 많은 관련자

커뮤니케이션의 개념

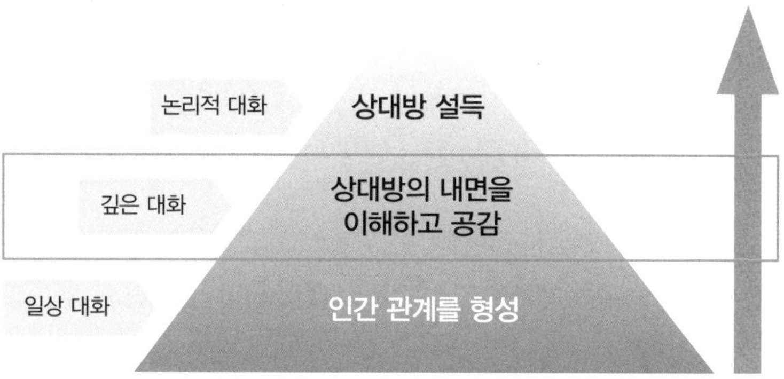

들과 함께 진행하게 된다. 이때 컨설팅의 목적과 목표를 다른 사람들과 적정한 수준으로 공유하는 것이 필요하다.

두 번째, 리서치의 개념은 고객이 원하는 목표와 현재 상태의 간극이 무엇인지 정확히 파악하는 것이라 할 수 있다. 리서치는 보통 프로젝트의 시작 부분에서 집중적으로 진행되는 경우가 많다. 특히 기업의 매출 및 고객 자료 등을 확보하고 시장 환경 및 경쟁사 동향을 분석하는 일을 의미한다. 조사 분석의 단계가 초기에 진행되는 것은 프로젝트의 일관성 있는 진행과 밀접한 관련이 있다. 만약 프로젝트를 한참 진행하고 있는데 중간 중간에 다른 자료들을 접하게 된다면 진행의 순서를 반복해서 바꾸어야 하는 경우도 발생하기 때문이다.

세 번째, 컨설테이션은 프로젝트에 관련된 경영 전반의 문제를 인식하고 그에 대한 해결책을 제시할 수 있는 프로 컨설턴트의 역량을 의미한다. 고객이 수행해야 하는 일과 고객이 할 수 있는 일, 그리고 컨설턴트가 수행할 일을 상호 조정하고 이를 통해 상승 효과를 창출하는 것이다.

대부분의 프로젝트는 크게 2가지로 나누어진다. 하나는 부족한 부분을 보완하기 위한 경우이고, 다른 하나는 잘하는 부분을 더 잘하게 하는 프로젝트이다. 이 2가지 경우 모두 현재의 상태와 이상적인 상태의 갭으로 나타낸다. 프로 컨설턴트는 이러한 문제를 명확하게 인식하고 그에 대한 해결책을 지속적으로 고민함으로써 고객이 새로운 가치를 창출할 수 있도록 지원할 수 있는 방법을 제시해야 한다.

네 번째. 코디네이션은 프로 컨설턴트와 고객이 갖는 생각의 차이를 조율해 가는 데 중요한 역할을 한다. 이는 프로젝트에서 필요한 상품이나 서비스 또는 기업 정책과 관련돼 이해관계를 적정한 수준으로 조정할 수 있는 역량이다.

다섯 번째, 컨트롤은 프로 컨설턴트가 고객이 새로운 가치를 창출할 수 있도록 지원하여 고객으로 하여금 성과를 낼 수 있도록 돕는 가장 직접적인 역량이다.

프로 컨설턴트는 컨트롤을 통해서 고객의 매출을 관리할 수 있다. 이때 가장 중요한 핵심이 중점 선행지표를 설정하는 것이다. 즉, 고객사의 요구 사항을 모니터링하고 이에 따른 진척 사항을 파악해 전달한 뒤 피드백을 받는다. 이런 협력을 통해 고객이 자신의 비즈니스를 현재 수준보다 더 나은 이상적인 지점으로 발전시키도록 하는 것이다.

여섯 번째, 카운슬은 프로 컨설턴트와 고객 간의 신뢰 관계를 통해 더 좋은 방향으로 고객을 인도하는 역량이다. 이때 가장 중요한 것은 신뢰이다. 만약 프로 컨설턴트가 고객에게 충분한 신뢰를 확보하기 있지 못한 상태에서 카운슬이 진행된다면 프로젝트에서 많은 시간을 낭비할 수 있다.

카운슬에서 프로 컨설턴트가 고객사와 공감을 통한 조언을 하면 고객사는 이를 수용하여 스스로 문제를 파악할 수 있다. 프로 컨설턴트는 고객사 스스로가 문제점을 파악할 수 있도록 도와준다는 면에서 높이뛰기의 도움닫기 판과 같은 역할을 하는 것이다.

프로 컨설턴트는 자신이 가지고 있는 경험과 지식 체계를 통해서 고객의 새로운 가치 창출을 지원하는 일을 하는 사람이다. 이 일은 매우 복잡하고 난해하기 때문에 현장에서 활동하는 프로 컨설턴트들에게는 일을 하기 위한 도구가 필요한 것이다. 만약 당신이 프로 컨설턴트의 식스모델을 충분히 이해하고 활용할 수 있다면 당신의 이미 프로 컨설턴트로서의 자격을 갖춘 것이다.

프로 컨설턴트 식스모델의 활용 단계

식스모델은 다음의 예시와 같은 3단계 구조를 가진다.

커뮤니케이션을 통해서 다른 사람들과 프로젝트의 정보를 공유하여 프로젝트의 시너지 효과를 발생시키는 것이다. 이때 가장 우선 되는 것은 프로젝트 초반에 리서치를 통해서 고객과의 접촉을 강화하고 신뢰를 형성하는 노력을 해야 한다는 것이다. 이것

식스모델의 3단계 구조

이 기본이 되어야 다음에 진행되는 활동들이 흔들림 없이 탄탄하게 진행된다.

두 번째 단계로는 컨설테이션을 통해 프로젝트에 대한 폭넓은 시각을 확보하여 문제 해결에 대한 방법을 고민하여 고객에게 제시할 수 있어야 한다. 또 그에 대한 해결책과 가설을 설정하여 고객이 프로 컨설턴트가 하고자 하는 일에 대해 명확하게 인지하고 협조할 수 있도록 한다.

이러한 단계를 거치고 나면 컨트롤로 고객의 실행을 촉진하고, 카운슬로 고객이 새로운 관리 체계를 가질 수 있도록 지원한다. 이러한 단계를 거치게 되면 프로젝트가 빠른 속도로 진행되면서 고객과 프로 컨설턴트 모두가 더 높은 수준의 새로운 가치를 지속적으로 창출할 수 있는 단계에 오르게 된다.

커뮤니케이션은 리더십이다

컨설팅에서 가장 중요한 것이 바로 커뮤니케이션이다. 일반적으로 커뮤니케이션 하면 의사소통으로만 생각하는데 컨설팅에서는 다른 의미로 사용된다.

사전에서 '커뮤니케이션(communication)'을 찾아보면 다음과 같이 설명하고 있다. '사람들끼리 서로 생각, 느낌 따위의 정보를 주고받는 일. 말이나 글, 그 밖의 소리, 표정, 몸짓 따위로 이루어진다.' 즉 커뮤니케이션은 상대와의 생각, 느낌을 공유하며 의사소통을 하는 것이다. 그런데 컨설팅에서 커뮤니케이션의 정의는 관계 구축이라고 할 수 있다.

커뮤니케이션의 정의와 목적

프로 컨설턴트의 식스모델 중 첫 번째 스텝인 커뮤니케이션의 정의는 '프로 컨설턴트가 고객과 신뢰 관계를 구축하기 위해 커뮤니케이션을 제외한 식스모델의 5가지 역량을 발휘할 수 있도록 지원하는 것'이다.

프로 컨설턴트가 커뮤니케이션의 역량을 활용하는 목적은 '프로젝트의 성공적인 수행을 위해 고객과 신뢰관계의 중요함을 인식하고 이를 높이기 위한 액션을 명확하게 설정하기 위해서다'

프로젝트에서의 커뮤니케이션은 고객과 컨설팅 전반에 대해 의사나 감정, 생각 등을 주고받는 행동을 의미한다. 여기서 컨설턴트는 고객과 커뮤니케이션을 통해 고객이 자신의 비즈니스에서 새로운 가치를 창출할 수 있도록 이끌어주는 역할을 수행한다. 특히 복잡하고 어려운 프로젝트의 경우에는 커뮤니케이션의 중요성은 더욱 커진다.

프로 컨설턴트가 가지고 있는 경험과 지식 체계를 고객의 비즈니스에 접목시키기 위해서는 고객과 함께 프로젝트에 대한 공감대 형성이 가장 중요한데 이것을 촉진시키는 역량이 커뮤니케이션인 것이다. 커뮤니케이션은 프로 컨설턴트와 고객 간에도 매우 중요하지만 경우에 따라 고객과 고객의 커뮤니케이션, 또는 프로 컨설턴트 간의 커뮤니케이션까지를 원활히 끌어낼 수 있어야 한다.

TIP

효과적인 커뮤니케이션을 위한 팁

1. **직접적인 만남** : 직접적인 만남 이후 미팅에서 나왔던 내용을 정리해 날짜를 기입해 정리해 놓고, 상대방과 그 내용을 공유한다. 사람의 기억은 시간이 지나면 희미해지고 왜곡되기 마련이다.
2. **SNS** : 요즘은 SNS를 통해서도 의사소통을 많이 한다. 상대방과 페이스북, 트위터 등을 통해 연결 신청을 하라.
3. **전화** : 전화는 기본이다. 미팅 하루 전 약속을 한 번 더 체크하라. 프로젝트와 관련된 진행 사항에 변화가 생길 때 전화로 공유하라.
4. **메일 또는 문자** : 미팅에서 나누었던 내용은 정리하라고 조언했다. 그 내용은 반드시 이메일로 보내 상대방과 공유하라. 이메일을 보낸 후 발송했다고 문자를 보내 상대방이 바로 내용을 확인할 수 있게 하라. 피드백은 최대한 빠르게, 되도록 그날 하도록 하는 것이 좋다. 내용은 확인했고, 언제까지 답변하겠다 등으로 바로 답변을 보내면 된다.

다음에 소개하는 자동차 대리점 사장과 영업사원의 커뮤니케이션을 통한 성과 창출은 컨설팅에서 커뮤니케이션의 중요성을 알 수 있는 좋은 사례다.

세일즈 한계돌파 컨설팅 사례

최근 자동차 대리점의 경영은 타 자동차 브랜드와의 치열한 판매 경쟁뿐만 아니라 함께 동일 브랜드 대리점 간의 판매 경쟁까지도 심화되고 있다. 그 어느 때보다 대리점 경영이 어려운 시기인 것이다. 특히 수도권 지역에서는 자동차 판매 가격의 할인경쟁이 심해지면서 매출이 올라도 대리점의 판매 수익이 떨어지는 경우가 많다.

상황이 이렇다 보니 경영의 어려움에 처한 대리점 대표가 경영을 포기하고 타인에게 운영 권리를 양도하는 경우마저 발생하고 있다. 다음에 소개하는 사례는 한 지역에서 20년 넘게 자동차 판매 대리점을 운영하고 있는 A 대표가 컨설팅을 통해 어려운 상황을 극복한 경우다.

A 대표의 자동차 대리점은 본사의 신차 출시로 인해 판매 기회가 발생하고 있었다. 그럼에도 운영에 어려움을 겪고 있었는데 가장 큰 원인은 대리점 영업사원 6명이 집단 퇴직을 했기 때문이었다. 남은 사원은 절반뿐이었다. 판매 핵심 인원이 빠져나간 상태에서 대리점을 운영하니 매출이 줄어들고 그와 비례해 본사의 지원도 줄어들었다. 대리점 경영은 점점 더 어려워지는 악순환의 고리에 놓여 있었다. 사정이 이러해도 매달 대리점을 운영하기 위한 고정 경비는 동일하게 지출되었으니 경영난은 더욱 심화되기만 했다. A 대표는 이러한 어려움을 극복하기 위해 특단의 조치가 필요했다.

A 대표는 컨설팅을 통해 이 위기를 극복하겠다는 결정을 하고, 대리점에 남은 영업사원 6명의 동참을 끌어내기 위해 설득에 들어갔다.

대리점 경영의 악순환 고리

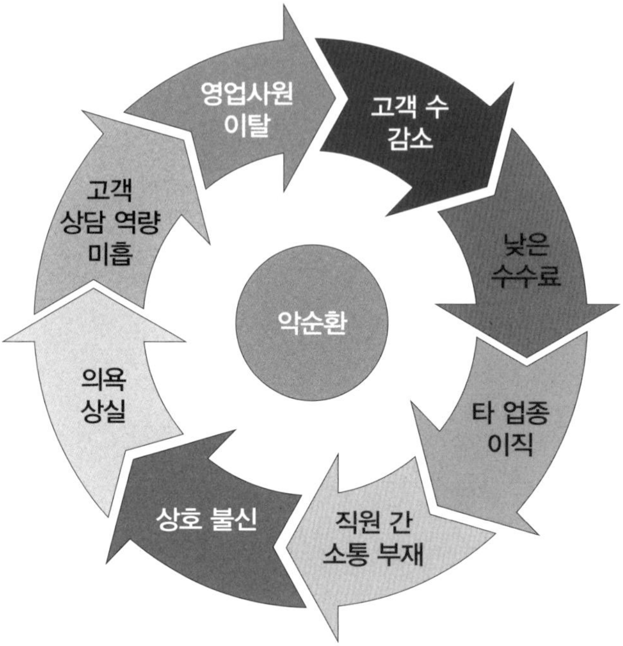

전체로 보면 동일한 대리점에서 수익 부진이라는 같은 어려움을 겪고 있는 대리점 대표와 영업사원들이지만 이들의 입장은 매우 달랐다.

A 대표는 컨설팅을 통해 대리점에 새로운 영업 방식을 도입하면 기존의 영업사원들이 더 많은 판매를 할 수 있고 그를 통해 순차적으로 영업사원을 늘리면 대리점 경영이 정상화될 것이라고 생각했다. 하지만 이와 반대로 영업사원들은 컨설팅으로 인해 오히려 자신들의 일만 늘어난다는 부정적인 생각을 가지고 있었다.

이런 입장 차이로 컨설팅 추진에 대한 대표와 직원 간의 입장은 좀처럼 그 접점을 찾기가 어려웠다. 그래도 A 대표는 이 문제를 해결하기 위해 영업사원들과 커뮤니케이션을 통한 해결책을 모색하였다.

많은 회사에서 그러하듯 A 대표 역시 지난 20년 간 매일 아침 조회 시간을 갖고 이 시간을 직원들과 커뮤니케이션을 하는 시간이라고 여겼다. 그러나 영업사원들 입장에서 이 시간에 결코 양질의 커뮤니케이션을 할 수 없었다. 이런 생각의 차이는 매출 하락이라는 현실 앞에서 극명하게 표출되었다. 그래서 A 대표는 본사 직원과 컨설턴트의 도움을 받아 영업사원들과 새로운 방식의 커뮤니케이션을 실시해 공감대를 이끌어 내기로 하였다.

이를 위해 A 대표는 자신이 먼저 프로젝트의 내용에 대한 선행 학습을 시작하였다. 다행히 대표는 자동차 영업을 했던 경험과 20년 넘게 대리점을 운영한 노하우를 가지고 있어 세부적인 컨설팅에 대해 빠르게 내용을 파악할 수 있었다. 그리고 선행 학습의 과정을 거치면서 컨설팅을 통해 대리점이 처한 현재의 어려움을 극복할 수 있다는 확신을 가지게 되었다. 하지만 문제는 대리점 영업사원들을 어떻게 설득하느냐 하는 것이었다.

그동안 대리점의 경영난이 장기간 지속되면서 남은 영업사원들의 영업 활동까지 점점 더 위축되었다. 이를 극복하기 위한 대표의 잦은 영업 활동 독려는 오히려 대표와 영업사원들의 관계만 나빠지게 하였다. 더 심각한 점은 사내 분위기 악화로 영업사원들 간의 정보 교환도 단절되어, 서로의 활동에 대한 기본적인 정보 공유도 없어진 상태인 것이었다.

대표는 진심으로 영업사원들에게 다가가기로 마음을 먹었다. 그래서 가장 먼저 한 것이 사원들 앞에서 지금 대리점 운영의 어려움이 모두 자신의 경영상의 미숙에서 오는 점이란 것은 인정하는 것이었다. 그리고 이러한 어려움을 극복하기 위해서 대리점만의 노력으로는 한계가 있다는 점, 그래서 본사 직원과 프로 컨설턴트의 도움을 받아야 한다는 점을 영업사원 모두에게 반복적으로 설명하였다.

그러나 대표의 이런 진심 어린 설명에도 불구하고 영업사원들의 불만은 쉽게 누그러지지 않았다. 그동안 쌓여온 불신과 함께 새로운 방법에 대한 두려움까지 더해서 남은 영업사원들 모두가 부정적인 생각에 가득 차 있었다.

필자가 마주한 상황은 위와 같은 상황이었다. 우선 A 대표는 본사 직원과 프로 컨설턴트에게 직원들을 설득해 달라고 요청했다. 그러자 본사 직원은 우선 대리점의 경영 정상화를 위해 가능한 모든 지원을 다하겠다는 약속을 하였다. 그러나 대리점의 변화는 본사의 지원이 전부가 아니라 대리점 대표와 영업사원이 변화에 대한 노력을 해야 가능하다는 것을 강조하며 덧붙였다. 그 다음으로는 프로 컨설턴트가 부정적인 생각을 가지고 있는 6명의 대리점 영업사원들의 생각을 바꾸기로 했다.

프로 컨설턴트는 가장 먼저 영업사원들의 어려움을 듣는 것으로 커뮤니케이션을 시작하였다. 이를 통해 그들의 불만이 무엇이고, 그동안 어떤 어려움을 가지고 있었는지, 그중에서 본사나 대표에게 하지 못한 말들은 어떤 것이 있는지를 파악하였다.

본사 관계자와 대표가 없는 자리에서 진행한 이 커뮤니케이션에서 영업사원들은 그동안 말하지 못한 많은 불만을 쏟아냈다. 그리고 놀랍게도 이런 불만을 이야기하고 공유하는 것만으로도 영업사원들의 불만 섞인 표정들이 조금씩 바뀌었다.

불만을 듣는 커뮤니케이션 단계로 영업사원들의 마음이 조금 누그러지자, 프로 컨설턴트는 컨설팅이 어떻게 진행할 것인가를 솔직하고 자세히 설명하였다. 대리점 영업사원들은 여전히 새로운 것에 대한 막연한 두려움이 있었다. 하지만 그들도 대리점의 어려움을 해결하기 위해서는 자신들도 어려움을 감수해야 한다는 생각을 갖고 있었다.

컨설팅에 대한 세부 절차를 자세히 설명하니 영업사원들은 두려움을 넘어 조금씩 기대감을 가지게 되었다. 그리고 무엇보다 컨설팅에 따라 대리점의 어려움이 극복되면 자신들의 수입도 늘

어난다는 점에 공감하였다. 단계적인 접근을 통해 마침내 어렵겠지만 한번 해보자는 작은 공감을 끌어낼 수 있었다.

결국 이 컨설팅의 시작 단계에서 필요했던 것은 커뮤니케이션이었다. 대리점 경영의 어려움으로 관계가 더욱 나빠진 대표와 영업사원들 간의 커뮤니케이션만으로는 아무런 해결을 할 수 없었다.

우선 불신이 컸던 대표와 영업사원의 커뮤니케이션을 최소화한 뒤에, 다음으로 불신이 컸던 본사 직원과의 커뮤니케이션을 진행하고, 그동안 관계가 없었던 프로 컨설턴트와의 커뮤니케이션을 단계적으로 진행하면서 실질적으로 대리점 경영에 가장 중요한 변수인 남은 영업사원 6명의 동참을 이끌어 낼 수 있었던 것이다.

이 대리점은 대리점 대표와 영업사원 그리고 본사 직원과 프로 컨설턴트, 이 네 그룹 간의 전략적인 커뮤니케이션이 필요했던 것이다.

1) 역산의 사고를 하라

앞서 설명한 대리점 경영 활성화를 위한 4달 간의 프로젝트를 한 마디로 표현하면 '대리점 영업사원들의 영업 클로징 능력 확대'라고 할 수 있다. 자동차 영업의 특성상 고객들은 고가의 제품을 구매하기 위해 많은 의사결정의 단계를 거치는 특성을 가지고 있다. 이때 영업사원들에게 가장 중요한 것은 강력한 클로징을 통해 판매를 완결하는 것이다.

자동차와 같은 고가 제품의 판매에서는 역산의 사고가 매우 중요하다. 영업사원이 몇 대의 자동차를 판매하는가는 매우 많은 변수가 있다. 따라서 명확한 목표를 설정한다 해도 그 목표를 달성하는 데는 어려움이 많다. 설사 영업장 안에서 고객을 설득한다고 해도 최종 의사결정을 내리는 순간 고객의 마음이 바뀌면 그동안의 모든 영업 활동이 한순간에 물거품이 되어버리는 특성을 가지고 있다.

이런 과정이 반복되면 영업사원들은 영업 결과에 실망하고 목표 달성에 확신을 가지지 못하게 된다. 이러한 문제를 해결하는 가장 좋은 방법은 불확실한 결과를 역산의 사고를 통해서 확실한 결과로 만드는 것이다.

역산의 사고는 판매에서부터 시작된다. 우선 판매를 위해서 해야 하는 활동들을 처음부터 나열하는 것이 아니라 거꾸로 거슬러 보는 것이다. 자동차 1대를 판매하기 위해서는 '몇 번의 클로징을 해야 하는지', '시승이나 중고차 처리를 몇 번 해야 하는지', '중고차 처리를 위해 견적을 몇 번 내야 하는지', '상담은 몇 번을 해야 하는지', '고객을 얼마를 발굴해야 하는지', '고객 접촉을 몇 번 해야 하는지'에 대한 순서를 거꾸로 계산하는 것이다.

이런 방식은 전시장을 방문하는 고객을 대상으로 자동차를 판매하기보다는 영업사원이 영업 활동을 통해 확실하게 자신의 판매에 영향을 줄 수 있는 고객을 만나는 범위를 확대하도록 하는 것이다. 이러한 확대는 자동차 판매의 불확실성을 낮추게 된다.

2) 영업을 경작하라

이렇게 고객을 발굴해 나가는 영업을 '경작형 영업'이라 한다. 경작형 영업은 영업사원이 매장에서 기다리고 있으면 고객이 찾아오는 형식과 달리 고객이 있는 곳을 찾아다니면서 영업을 하는 것이다. 그래서 실제 베테랑 영업사원들에게도 쉽지 않은 영업 방법이다.

사실 모든 영업사원이 경작형 영업을 해야 한다는 것을 알고 있지만 쉽지 않기 때문에 해야 한다는 것을 잊기도 하고, 조금 도전하다 싫증 내기도 한다. 편안함을 추구하는 사람의 특성 때문에 경작형 영업을 지속적으로 실행하는 영업사원들의 수는 많지 않다.

하지만 A 대표의 대리점은 영업사원뿐 아니라 대표도 경작형 영업을 해야만 살아남을 수 있는 상황이었다. 그래서 프로 컨설턴트는 대리점 자체의 프로모션을 다시 보완하고 매일 아침 고객 접촉 방법을 프로세스화하는 컨설팅을 내놓았다. 그리고 영업사원들에게는 본사에서 신차가 출시된 지금의 시점이 개인의 수입을 극대화할 수 있는 좋은 기회임을 강조했다. 또 A 대표는 본사 직원의 지원에 새로운 컨설팅을 받고 있는 지금이 우리 대리점의 영업 수준을 한 단계 높일 수 있는 좋은 기회라는 점을 영업직원들에게 지속적으로 강조했다. 이런 노력은 모두 실제 영업 일선에서 매출을 만들어내는 영업직원들이 생각을 바꾸도록 하기 위함이었다.

그 결과 영업직원들의 생각이 조금씩 바뀌기 시작했다. 생각이 바뀌니 가장 먼저 드러나는 성과는 영업사원들의 근태가 좋아졌다는 것이다. 회사 분위기가 좋지 않으니 지각이 잦고 동료 간에 소통이 전무하였고 어두운 표정으로 근무하는 등 근무 태도가 매우 불성실하였다. 그랬던 그들이 생각의 전환만으로 조금씩 출근 시간도 빨라지고 동료끼리 인사를 나누며 표정들도 밝아지면서 대리점의 전체적인 영업 분위기가 점점 좋아졌다.

☑ Check point

새로운 성과를 창출하는 경작형 영업, 씨앗을 법칙

씨앗의 법칙 1 : 씨를 뿌리기 전에 먼저 터를 일궈라.
씨앗의 법칙 2 : 일단 뿌려야 나중에 거둘 수 있다.
씨앗의 법칙 3 : 시간을 들여 정성껏 가꾸고 돌봐라.
씨앗의 법칙 4 : 뿌린 씨앗이 모두 열매가 될 수는 없다.

3) 실질적인 영업력 개선의 한계

자동차 대리점 영업의 핵심은 인력과 시설이다. 그중에도 인력에 해당하는 영업사원이 가장 중요하다. 그런데 최근에 들어서 젊은 사람들 사이에 자동차 영업이 힘들고 어렵다는 인식이 확산되며 이를 기피하는 분위기 사회 저변에 깔려 있다. 이는 곧 대리점에 새로운 영업사원을 충원하는 일이 그리 쉽지 않다는 것을 의미한다. 또 힘들게 영업사원을 채용해도 실제 영업을 전시장에서 판매하는 방식에만 의존하고 어려운 경작형 영업은 배우려고 하지조차 않는다는 것도 의미한다.

상황이 이렇다 보니 대리점주의 입장에서는 전시장에만 의존하는 영업에는 분명 한계가 있기 때문에 이와 병행하여 고객을 발굴하는 활동을 강조한다. 그래야 좀 더 경쟁력 있는 영업조직을 만들 수 있기 때문이다.

하지만 좀처럼 영업사원들의 행동은 변하지 않는다. 새로 입사한 영업사원들도 기존에 선배 영업사원들이 찾아오는 고객 위주로 편안한 영업에만 의존하는 모습을 보고 점차 그런 영업 형태로 바뀌곤 한다. 이것이 대리점의 현실이다.

A 대표의 대리점 역시 마찬가지였다. 그래서 그는 이런 대리점의 영업 분위기를 쇄신하기 위해 영업 방식이 매우 불량한 영업직원들을 퇴사시키는 극단의 조치를 취했던 것이다. 그러나 문

제는 이러한 조치가 오히려 대리점의 전체 매출을 감소시켰다는 것이다.

매출 감소의 문제는 단순히 차량 판매 대수 감소에만 있는 것이 아니라 본사의 지원이 축소라는 문제까지 연결된다. 결국 성실하게 영업 활동을 하던 영업사원들까지 같이 피해를 보는 상황이 되는 것이다.

A 대표로서는 이러한 한계를 극복하기 위해 직접 전시장에서 영업사원들의 판매를 돕고 까다로운 고객들의 상담을 지원하기도 했다. 그러나 시대가 변하고 본사의 지원이 축소된 상황에서 수십 년의 자동차 판매 경력을 가진 그도 요구가 까다로운 고객을 설득하는 데는 한계가 있었다. 최종 결정자이지만 영업사원과 비슷하게 아무런 해결을 하지 못했다. 이러한 과정을 통해서 A 대표는 판매 현장에서 열심히 노력하는 직원들의 어려움을 알게 되었고 그에 대한 적절한 지원을 해주지 못한 것에 대해 미안한 마음까지 가지게 되었다.

이런 상황을 전해 듣고 컨설팅을 시작한 프로 컨설턴트가 첫 번째로 강조했던 것은 대리점 내부의 우수 사례 공유였다.

원래 자동차 영업의 특성상 각자의 영업사원들이 사업자이고, 자신의 영업 노하우를 중요시한다. 노하우가 곧 매출이기 때문에 자신의 우수 사례를 다른 사람들과 공유하는 것을 매우 꺼리는 것이다. 그에 더해서 이 대리점은 영업 실적이 나빠지면서 자신의 영업 현황에 대한 부분을 다른 직원들과 전혀 공유하지 않고 있었다.

하지만 커뮤니케이션을 통해 아무리 시장이 어렵고 고객들의 요구가 까다로워도 매일매일 고객들을 상대하는 영업사원들은 나름의 우수한 사례가 발생한다는 것을 알게 되었다. 이러한 우수 사례를 체계적으로 발굴해서 공유하면 점점 더 많은 우수 사례로 확산될 수 있었다.

컨설팅에서 제시하는 우수 사례의 공유 방식은 오픈 보이스와 자기 선언이 있다. 매일 아침에 전체 직원들이 출근을 하면 20분 정도의 조회를 진행하는데 기존의 조회는 대리점 대표나 팀장이 본사에서 내려온 정책을 공유하는 것이 대부분이었다. 이러한 톱다운(Top-down) 방식은 영업사원에게 아무런 흥미를 일으키지 못한다. 그래서 필자가 제안한 것이 전날 매장에서 당직을 담당한 영업사원이 다음 날 오픈 보이스를 진행하는 것이다. 오픈 보이스는 전날 매장 당직 근무를 한 영업사원이 하루 동안 당직 근무를 하면서 고객과 상담한 내용 중에서 가장 우수한 사례를 다른 사람들 앞에서 3분 이내로 간단하게 발표를 하는 것이다.

이 발표가 끝나면 대리점 대표나 담당 팀장은 그 영업사원의 사례에 대해서 긍정적인 피드백을 한다. 이때는 영업사원이 발표한 사례를 다른 영업사원들도 해볼 수 있도록 격려하거나 대리점 자체적으로 프로모션을 실행해서 전체 영업사원들이 시도해 볼 수 있는 계기를 마련해주는 것이 좋다. 이렇게 피드백까지 끝나고 나면 대게 10분 정도의 시간이 걸린다.

우수 사례의 공유가 끝나면 바로 영업사원들 전체의 자기 선언이 시작된다. 자기 선언은 영업사원이 자신이 오늘 할 일 중에서 가장 중요한 일 하나를 조회에 참석한 모든 사람이 들을 수 있도록 큰 소리로 말하는 것이다. 그러면 다른 사람들이 모두 그 사람의 중요한 일을 복창하며 박수로 격려해 준다. 이러한 방식으로 조회에 참석한 영업사원들 모두가 자기며 선언을 진행하는 것이다.

이렇게 모두가 자기 선언을 하는 데는 5분의 시간이면 충분하다. 하지만 짧은 시간에 모든 사람이 자기 선언을 하는 것만으로 영업사원들은 각자가 선언한 그 일을 당일 실행하는 확률은 20%나 올라간다.

이러한 방식의 조회는 20분 이내로 진행되지만 매일 하나씩의 우수한 사례를 대리점 영업사원 전체가 공유하게 됨으로써 영업 자신감은 매우 커지는 효과가 있다. 또 전체의 자기 선언을 통해서 대리점 전체의 영업 실행력도 20%나 상승하게 된다.

☑ Check point

오픈 보이스와 자기 선언

오픈 보이스란 영업사원은 고객과 상담한 결과 중 우수한 사례를 대표와 구성원들에게 공유한다. 대표는 우선 긍정적인 피드백으로 해당 영업사원을 칭찬한다. 그리고 개선할 점이 있다면 이에 대해 이야기한다. 구성원들은 해당 영업사원의 사례를 듣고 질문을 하면 해당 영업사원은 답변을 한다. 또한 이 사례를 벤치마킹하여 진행한 사례를 공유하기도 한다.

자기 선언은 오늘 할 일 중 가장 중요한 업무를 스스로 선정하여 모두 앞에서 크게 말하는 것이다. 이는 선언을 하지 않았을 때보다 실행률을 상승시킨다.

두 번째는 판매가 아니라 영업을 하는 것이다. 기존에는 전시장을 찾아오는 고객들을 대상으로 판매를 했다면 이제는 직접 고객을 발굴하는 것이다.

회사의 전산에 등록되어 있는 가망 고객들을 판매 프로세스와 고객의 구매 심리 프로세스를 같이 적용하여 구분한 다음에 이번 달에 몇 명의 고객을 접촉해야 하는지의 목표를 세운다.

이렇게 세운 고객 접촉 목표는 영업사원이 매일매일 활동표를 작성하고 관리한 뒤, 그날의 대리점 전체 실적을 모두가 함께 공유한다. 개인의 실적이 아니라 대리점 전체 실적을 공유하면 영업사원들의 거부감도 최소화된다. 또 대리점 전체의 영업 현황을 한 눈으로 볼 수 있기 때문에 자신의 영업 현황과 비교할 수 있게 된다. 이러한 과정을 통해서 영업사원 모두가 하루 고객 접촉 결과에 더 관심을 가지게 되고 이런 활동을 지속함으로써 고객 접촉 횟수가 증가하게 된다.

이런 관리는 기존에 찾아오는 고객을 기다리는 영업에서 벗어나 대리점 전체 고객의 현황을 매일매일 체크하고 그를 통해 개인의 고객 현황을 비교할 수 있도록 해준다. 그래서 좀 더 적극적인 경작 영업을 할 수 있도록 한다. 실제로 이러한 활동을 한 결과 대리점 전체의 고객 접촉 횟수가 30% 이상 증가하는 놀라운 성과를 보였다.

마지막은 이러한 모든 활동을 모두가 볼 수 있도록 가시화하는 것이다. 우리는 영업의 결과를 눈으로 보이게 관리하는 경우가 많다. 대표적인 예로 매출을 나타내는 그래프가 그런 형태다. 하지만 결과를 관리하는 것은 이미 영업이 완료된 상황을 나타내는 것이기 때문에 실제 성과에 미치는 영향은 그리 크지 않다.

A 대표의 대리점과 같은 경우 이번 프로젝트에서는 영업사원들의 활동을 눈으로 보이게 하는 방식을 구축해보았다. 이 방식은 내가 만난 고객의 현황을 대리점 영업사원들 모두가 볼 수 있도록 표시함으로써 대리점의 영업 활동 추세를 모두가 확인할 수 있었다. 이러한 방식은 부족한 부분을 영업사원 모두가 공유하기 때문에 과정에 대한 개선 효과가 뚜렷하다.

결과를 관리하는 것은 영업사원들이 판단을 하게 하지만, 과정을 관리하는 것은 영업사원들의 행동을 독려한다. 이러한 과정을 거치면서 고객을 만나는 일들이 단순히 어렵고 까다로운 것으로 인식되는 것이 아니라 판매를 완성하기 위해 반드시 거쳐야 하는 하나의 단계로 인식하게 된다. 그리고 그 단계를 진행하기 위한 준비를 더욱 철저히 하게 된다.

4) 영업사원 컨설팅의 가장 큰 성과

4달 동안 자동차 대리점 실적 개선 프로젝트를 진행하면서 가장 큰 성과는 전시장 내방 고객에게 판매하는 것에만 의존해 발생했던 영업사원들의 이탈과 대리점 경영의 악화에 대한 과학적인 해결 방법을 찾았다는 것이다. 이제 해당 대리점 영업사원들은 세일즈 프로세스와 고객의 구매 심리 프로세스를 결합하여 자신의 판매 5단계를 만들어 운영하고 있다.

이번 작업을 통해 단순히 몇 대의 자동차를 팔겠다는 판매 목표를 설정하는 방식에서 자신들이 확실하게 실행할 수 있는 몇 명의 고객을 만나겠다는 목표를 설정함으로써 기존의 수동적인 영업 방식이 적극적인 영업 방식으로 바뀌었다는 것이다.

단순히 전시장 방문 고객들에게 의존한 판매에서는 방문 고객들의 까다로운 요구와 치열한 경쟁 때문에 많은 어려움을 겪었다. 하지만 지금은 고객의 심리를 중심으로 고객 발굴의 범위를 5

단계로 확장하였기 때문에 영업의 기회가 5배 많아졌다 할 수 있다. 이렇게 기회가 5배 증가하니 자연히 실적도 프로젝트 실행 이전과 비교하여 30% 이상 증대하는 효과를 거두었다.

프로젝트를 수행하면서 신규로 채용된 영업사원도 3명이나 늘었다. 이들이 기존의 영업사원들과 같이 내가 제안했던 이 활동을 하면서 어려운 자동차 영업에 빠르게 적응하였다. 대표가 고민했던 대리점의 영업 풍토는 이 프로젝트를 통해 자연스럽게 경작형 영업으로 바뀌었고 대리점의 판매가 증가되면서 본사의 지원도 늘었다. 또 새로운 영업사원들까지 빠르게 자동차 영업에 적응하면서 모두가 이제는 어떠한 어려움이 있어도 충분히 극복하고 더 많은 성과를 올릴 수 있다는 자신감을 갖게 되었다.

커뮤니케이션에 필요한 실행 역량

1) 미리 설계하고 준비한다

현장에서 프로젝트를 진행하다 보면 미리 생각하지 못한 상황이나 긴급한 일의 발생으로 인해 항상 시간에 쫓기게 된다. 이러다 보면 고객과의 정기적인 커뮤니케이션에 소홀해질 수 있다. 또 형식적인 미팅으로 인해 프로 컨설턴트와 고객이 깊이 있는 의견이 나누기가 어렵다. 때문에 프로 컨설턴트는 항상 고객과의 커뮤니케이션을 미리 설계하고 준비하여야 한다. 고객들에게 친근한 존재가 되고 신뢰 관계를 구축할 수 있는 역량을 발휘할 수 있는 리더십이 필요하다.

2) 현상을 사실대로 보자

프로 컨설턴트가 고객사를 방문할 경우 자신의 생각을 투영해서 현상을 보지 말고 사실 그대로의 현상을 봐야 한다. 자신의 생각을 반영해서 현장을 보게 되면 전체를 보지 못하는 잘못을 저지를 수 있다.

프로젝트를 진행하다 보면 누구나 자연스럽게 자신이 가장 잘하는 분야에 집중하게 된다. 그러면 그와 관련이 있는 문제를 먼저 생각하게 되는데 이런 현상이 자주 발생하면 프로젝트 자체가 극히 제한적으로 진행될 수밖에 없다.

프로 컨설턴트가 커뮤니케이션에 충분한 시간을 할애해야 하는 것은 고객의 상황을 전체적으로 봐야 하기 때문이다. 그러기 위해서는 고객의 의견을 충분히 경청해야 하고 그를 기반으로 자신의 의견을 고객에게 객관적으로 이야기할 수 있어야 한다.

3) 새로운 가치 창출을 지원하자

프로 컨설턴트는 고객의 새로운 가치 창출을 도와주는 사람이다. 하지만 때로는 자신의 경험과 지식에 집중하다 보면 일방적으로 자신의 의견을 전달하는 잘못을 저지르기도 한다. 이렇게 되면 고객과의 커뮤니케이션이 단절된다.

프로 컨설턴트는 어떠한 경우에도 고객의 문제에 대해 깊게 생각하고 분명하게 판단해야 한다. 그래야만 고객은 자신의 생각을 프로 컨설턴트에게 자연스럽게 의논할 수 있고 이를 통해서 새로운 가치를 창출할 수 있다.

4) 고객에게 공감을 얻어내자

사람들은 누구나 자신이 잘하는 것을 말하는 것에 익숙하다. 이것을 반대로 생각하면 사람들은 자신의 부족한 면이나 실수를 다른 사람들과 공유하는 것에 서툴다는 것이다. 프로 컨설턴트는 고객이 자신의 경영 성과에 대해서 가감 없이 편하게 이야기할 수 있는 사람이 되어야 한다.

그러기 위해서는 프로 컨설턴트가 먼저 프로젝트의 진행에 대해서 고객과 가감 없이 의견을 나누어야 한다. 반대로 고객으로부터 좀 더 나은 공감을 얻어내기 위해 프로젝트의 좋은 결과만 가지고 고객과 커뮤니케이션을 하게 되면 그때부터 커뮤니케이션의 오류가 발생한다.

5) 쉬운 용어들을 활용하자

프로 컨설턴트가 고객과의 커뮤니케이션에 사용하는 언어들은 대부분 전문적인 용어들이 많다. 이런 용어들을 직접적으로 사용하게 되면 커뮤니케이션에서 어려움이 발생한다. 가급적 고객이 쉽게 이해할 수 있는 용어들을 사용하도록 해야 한다. 다만 꼭 사용해야 하는 전문용어라면 반드시 추가적인 설명을 함께 사용해야 한다.

커뮤니케이션의 Do & Don't 사례

1) 고객사의 방문 빈도가 적절했다고 판단하는가

프로젝트 커뮤니케이션에서 꼭 해야 할 일을 꼽으면 일관성을 유지하는 것이다. 그래서 고객사의 방문도 일정한 주기를 가지고 진행해야 한다. 그래야만 고객들도 사전에 준비를 할 수 있다.

앞서 설명했던 자동차 대리점 프로젝트에서 내가 가장 잘 한 것은 매주 같은 요일과 같은 시간을 정해놓고 고객사를 방문했다는 것이다. 프로젝트가 진행되는 4개월 간 매주의 방문 주기를 사전에 모두 정해놓고 진행했기 때문에 전체 일정에서 거의 모든 사람이 참석하는 성과를 거둘 수 있었다.

프로젝트 커뮤니케이션은 양보다는 질이 중요하다. 즉 한 번을 해도 진정성 있는 커뮤니케이션이 중요하다는 것이다. 고객과 잦은 접촉을 갖는 것이 중요하지만, 그 접촉에서 상호 간에 높은 만족을 얻을 수 없다면 오히려 역효과가 발생한다.

고객은 비즈니스를 하는 사람이다. 프로 컨설턴트가 매번의 접촉에서 일정한 성과를 제시하지 못하면 고객의 집중력은 급격

하게 떨어지기 마련이다. 그래서 프로 컨설턴트는 일상적인 커뮤니케이션을 최소화해야 한다.

2) 컨설팅의 커뮤니케이션에서 리더십이 발휘되었는가

자동차 대리점 프로젝트에서 가장 잘 된 것은 대리점 대표에 의해 전체 영업사원들이 프로젝트에 대한 강력한 동기부여가 되었다는 점이다.

모든 프로젝트에서 성공을 결정하는 것은 고객사 대표의 프로젝트 성공에 대한 의지다. 그런 관점에서 본다면 A 대표는 이 프로젝트에 대한 확신을 가지고 있었고, 또 이 프로젝트를 꼭 성공해서 대리점의 경영을 개선하겠다는 강력한 의지를 보였다. 이것은 프로 컨설턴트가 프로젝트를 시작할 때 가장 우선시 되어야 하는 항목이다.

컨설턴트가 필히 사용해야 할 단어 1위는

출처 : 『마케팅 컨설턴트 : 그리핀』

모든 프로젝트에 가장 조심해야 할 것이 프로 컨설턴트 자신의 편협적인 사고이다. 이번 프로젝트의 실제 대상은 현장에서 자동차를 판매하는 영업사원들이었다. 이들은 고정적인 수입이 없이 자신이 판매하는 결과에 따라 수당을 받는다. 그러기 때문에 이들에게는 프로젝트가 자신과 가족들의 생계와 직결되는 일보다 우선시 될 수 없다.

하지만 프로 컨설턴트 입장에서는 이 프로젝트가 가장 중요한 일이다. 그러다 보니 프로 컨설턴트는 자신에게 중요한 것을 먼저 제시하게 되는데 그래서는 안 된다. 고객에게 중요한 것을 우선시해야 한다. 그것도 대리점 대표에게 중요한 것이 아니라 이 프로젝트의 실질적인 대상인 영업사원들이 중요시하는 것, 즉 자동차의 판매에 집중해야 한다.

리서치로 핵심을 터치하자

리서치 하면 조사활동을 떠올리기 쉽다. 사전에서 '마케팅 리서치(marketing research)'를 찾아보면 '시장 조사(기업이 재화나 용역에 관련되는 문제에 관한 자료를 통계적으로 수집·기록·분석하는 일'이라고 설명하고 있다. 식스모델에서 리서치의 핵심은 무엇인지 살펴보자.

리서치의 정의와 목적

프로 컨설턴트의 식스모델 중 두 번째 스텝인 리서치의 정의는 프로 컨설턴트가 고객의 성과 창출에 필요한 자료를 명확하게 만드는 것이다. 프로 컨설턴트가 리서치를 실행하는 목적은 고객이 현장에서 겪게 되는 경영상의 문제를 해결해 성과를 창출하도록 돕기 위한 것이다.

프로 컨설턴트의 관점에서 리서치는 고객의 성과 창출을 지원하는 데 필요한 자료를 명확하게 만드는 것이다. 프로젝트에 착수하게 되면 고객이 원하는 이상적인 상태가 있고 또 고객의 현실에 기반을 둔 현재의 상태가 존재한다. 프로 컨설턴트는 고객이 원하는 이상적인 상태와 현재의 상태에서 문제를 찾아내기 위해 리서치를 실시한다. 아이템 조사 즉, 리서치는 곧 컨설턴트의 역할이라는 등식이 성립할 정도로 컨설턴트는 리서치를 철저히 해야 한다.

다음은 필자가 직접 컨설팅한 안경점 프랜차이즈 사례다. 이 사례는 컨설팅 요소 중 리서치가 매우 중요했던 경우였다.

프랜차이즈 신규 창업 컨설팅 사례

필자가 진행한 프로젝트에서 만난 고객 중 안경 프랜차이즈 사업을 하는 고객 B씨가 있었다. 지방에서 시작해서 자신의 성실함을 기반으로 해서 20년 넘게 사업을 진행하였고 직접 경영하는 매장이 지역에서 성공적으로 자리 잡았다. 이러한 성공에 힘입어 주변 사람들이 그의 노하우를 배우게 되고 그러면서 자연스럽게 자신의 브랜드로 지역에 프랜차이즈 점포를 출점하게 되었다.

프랜차이즈는 처음에는 한두 개로 시작되었지만 시간이 지나면서 그 지역에서 점점 인지도가 올라 더 많은 사람이 점포를 출점하면서 점포 수가 30개가 넘는 지역의 핵심 프랜차이즈로 자리

잡게 되었다. 이러한 성공을 기반으로 B씨는 단지 지역의 프랜차이즈가 아니라 전국적인 규모의 프랜차이즈 사업을 하겠다는 비전을 가지게 되었다.

이 프로젝트에서 고객이 가지고 있는 이상적인 상태와 현재의 상태를 비교하면 전국에 200개가 넘는 점포를 가지고 있는 타 브랜드의 안경 프랜차이즈 사업과 경쟁할 수 있는 것은 이상적인 바람이다. 하지만 현재 고객은 지방에서 30개 수준의 점포를 가지고 있는 지역 프랜차이즈 업체인 것이다. 그 차이는 명확해 보이지만 고객의 새로운 가치를 창출하기 위해서는 이 문제를 좀 더 명확하게 분석해야 하는데 이는 리서치를 통해서 가능하다.

1) 프랜차이즈의 비전을 공유하라

고객은 자신의 분야에서 전문적인 지식을 가지고 있지만 그 외의 분야에서는 폭넓은 지식을 가지고 있지 못하다. 그래서 컨설턴트는 자신의 전문성을 기반으로 고객과 인터뷰를 통해서 고객이 가지고 있는 이상을 공유해야 한다.

B씨의 경우 자신의 사업 분야에서 의류업체 유니클로나 자라와 같은 규모의 프랜차이즈 시스템을 구축하는 것을 희망하고 있다. 현재 자신이 가지고 있는 강점을 기반으로 저가의 명품 안경 브랜드로 성장하는 것을 희망하고 있는 것이다. 고객의 이상을 알았으니 다음은 이를 실현시키기 위해서 최우선적으로 고려해

야 하는 것이 무엇인지를 파악해야 한다.

이때 컨설턴트가 해야 할 일은 우선 외부 환경 분석과 내부 현황 분석으로 나뉜다. 외부 환경 분석에는 'PEST(정책, 경제, 사회, 기술 환경)', '산업 환경 분석', '벤치마킹', '이해 관계자 분석'이 포함된다. 내부 현황 분석에는 '비전 전략 체계 분석', '사업 구조 분석', '예산 분석', '사업 역량 분석', '구성원의 분석(인터뷰와 설문)'이 여기에 속한다. 이러한 분석을 통해 프로 컨설턴트는 핵심 이슈를 도출한다. 그리고 도출한 이슈를 장래에 달성해야 할 질적, 양적 목표로 삼는다.

고객의 이상을 공유하는 것은 프로젝트의 진행 범위를 명확하게 설정하는 데 중요한 정보를 제공한다. 그 이상이 너무 크거나 너무 작은 경우에는 컨설턴트가 리서치를 진행하면서 명확하게 만드는 과정을 거쳐야 한다.

고객의 이상이 너무 크고 방대하면 컨설턴트는 고객과 단계적인 상담을 통해서 그 범위를 규정하고 가급적 통제가 가능한 수준으로 조정하는 것이 필요하다. 반대로 고객의 이상이 너무 작은 경우에는 현장에서 추진된 사례를 공유하여 그 규모를 조정하는 과정을 거쳐야 한다. 고객의 이상이 너무 큰 경우에는 실제적인 조정이 어려울 수 있고 너무 작은 경우에는 프로젝트로 실행할 수 없는 경우도 발생하기 때문이다.

2) 프랜차이즈의 현황을 파악하라

고객이 생각하는 현재의 상태와 외부에서 바라보는 현재의 상태는 다를 수 있다. 고객은 자신의 비즈니스에 집중하기 때문에 현재의 상태를 실제보다 긍정적으로 보기도 하고 반대의 경우에는 성장 가능성이 충분함에도 불구하고 극히 제한적으로 보기도 한다.

실제로 B씨는 지역에서 성공한 프랜차이즈 사업체를 가지고 있지만 전국적인 프랜차이즈를 운영하는 입장에서 본다면 조직이나 시스템을 가지고 있지 못하다. 그런데 고객이 자신의 성공 경험을 바탕으로 긍정적인 면만 본다면 지금 하고 있는 규모를 좀 더 확대하는 것쯤으로 생각할 수도 있다.

기본적으로 안경을 판매하는 입장에서 본다면 지역에서 비즈니스를 하는 것과 전국 규모의 비즈니스를 하는 것이 비슷해 보일 수 있다. 하지만 이러한 생각은 비즈니스에서 매우 위험한 발상이다. 예를 들어 사람을 이동시키는 관점에서 본다면 승용차나 기차의 역할은 원칙적으로는 같다. 하지만 그 구조의 복잡함이나 시스템의 운영방식은 전혀 다르다.

이와 마찬가지로 안경을 판매하는데 일정 지역에서 소수의 사람들과 함께 프랜차이즈 매장을 운영하는 것이 승용차를 운전하는 것으로 비유를 든다면 전국 규모의 프랜차이즈 매장을 운영하는 것은 기차를 운전하는 것과 같다. 많은 사람을 동시에 이동할 수 있는 기차를 운영하려면 당연히 좀 더 복잡한 시스템과 정교한 운영 방식이 필요하다.

이렇듯 현재의 상태를 명확하게 파악하기 위해서는 정치, 경제, 사회, 문화적인 요소들이 어떻게 전개되고 있는지를 보는 외부 환경 분석 기법을 활용하고, 기업의 내부 역량을 분석하기 위해서는 경영의 주된 요소와 부가적인 요소를 구분하는 밸류체인 분석을 사용한다.

3) 고객이 가지는 갭의 크기가 문제다

B씨는 전국 규모의 프랜차이즈 사업체를 원한다. 그리고 그러한 사업체를 운영할 수 있는 시스템을 구축하기를 희망한다. 하지만 현재의 모습은 단일 지역에서 B씨를 중심으로 같은 일을 하는 사람들이 모여서 성과를 내고 있는 프랜차이즈의 수준이다.

이러한 비즈니스 모델은 프랜차이즈 초기의 모습으로 대부분 각자의 노하우에 의해서 운영되기 때문에 시스템적 운영과는 거리가 있다. 즉 갭의 크기가 매우 크다는 것이다. 이 갭의 크기가 클수록 그것을 극복하는데 많은 시간과 비용이 수반된다.

그중에서 고객이 가장 중요하게 생각하는 것은 영업 조직이다. 전국 단위의 프랜차이즈 영업을 할 수 있는 조직을 필요로 한다. 그리고 영업 조직을 어떻게 갖출 수 있는지에 관심이 많다.

이런 경우에 고객의 요구가 중요하기 때문에 컨설턴트가 고객이 요구하는 것을 우선적으로 추진하다 보면 일의 우선순위가 바뀔 수 있다. 하지만 프로세스는 일정한 순서를 유지할 때만 그 기능을 발휘한다. 프로젝트에서 일정한 수준의 성과를 내기 위해서는 잘 짜인 프로젝트 추진 계획서가 필요하다. 즉 진행 기간 동안 추진해야 하는 일을 단계적으로 분석하고 구조화해야 한다. 이를 WBS(Work Break-down System)라 한다.

WBS가 필요한 이유는 일을 순서대로 추진하기 위해서다. 집을 짓는 데 디자인이 중요하다고 해서 기초 공사를 소홀히 하면 아무리 디자인이 좋은 집을 짓는다 해도 많은 문제점이 발생할 것은 너무도 명확하다. 그래서 컨설턴트는 이 단계에서 고객과 충분한 커뮤니케이션을 통해서 프로젝트의 우선순위를 정하고 이를 단계적으로 진행할 수 있어야 한다.

고객이 가지는 문제의 크기가 큰 경우에는 어떤 것들을 먼저 진행해야 하는지에 대한 순서를 정해야 한다. 하지만 이러한 작업들은 자신의 일에 관해서만 전문적인 지식을 가지고 있는 고객은 잘 설정하지 못한다. 오히려 고객은 자신이 자신 있는 일들을 먼저 실행하려고 욕심을 부리기도 한다.

이런 경우 컨설턴트는 프로세스를 잘 설정하고 그를 가지고 고객과 협의하여 단계적으로 진행할 수 있는 청사진을 제시할 수 있어야 한다. 단계적인 청사진의 제시를 통해 고객을 설득하고 고객과 충분히 합의가 이루어진 다음에 문제를 단계적으로 해결해 나가는 것이 중요하다.

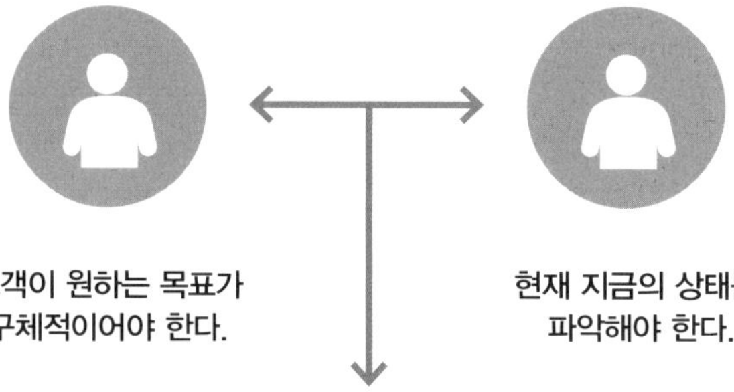

사이의 갭 차이를 확인해야 문제가 정확히 파악된다.

4) 프랜차이즈의 문제점을 추출하라

이 세상에 컨설턴트가 해결하지 못하는 문제는 없다. 이렇게 단정적으로 말할 수 있는 것은 컨설턴트에게 충분한 시간과 자원만 주어진다면 고객이 갖은 모든 문제를 해결할 수 있다. 하지만 고객은 이렇게 충분한 시간과 자원을 가지고 있지 못하다. 그래서 해결해야 하는 문제를 추출할 때 우리는 좀 더 신중해야 한다. 문제를 가능한 수준까지 세분화하여 명확하게 설정해야 한다. 이때 가능한 많은 문제점을 도출하는 것이 중요하다. 단 현재의 시점에서 해결이 불가능한 문제는 추출 단계에서 별도로 구분하여 관리하여야 한다.

본 프로젝트에서 당장 해결이 불가능한 문제는 전산 시스템의 구축이었다. 현재 30개 수준의 프랜차이즈가 운영되고 있기 때문에 단순한 수준의 전산 시스템을 사용하고 있다. 프로젝트 초기 단계에서 전산 시스템에 많은 비용을 투자해서 시스템을 먼저 개발하는 것은 일의 우선순위와 자원의 배정에서 후 순위로 미루어진다. 그래서 이 문제는 고객과 협의하여 별도로 분리하여 관리하였다.

그 외의 문제 중 첫 번째는 상품에 대한 것으로 현재 우리가 가지고 있는 상품이 고객의 요구에 맞춰져 있는가 하는 부분을 점검하는 것이다.

이 관점에서 본다면 고객사의 상품은 좋은 재질의 프레임을 사용하면서 시장에서 경쟁력을 가지고 있었다. 동일한 제품을 전국으로 확산해도 충분히 경쟁력을 갖출 수 있다.

그렇다면 우리 상품이 타사 상품과 비교하여 매력적인가 하는 부분이 고민된다. 우리가 가지고 있는 안경 프레임은 상대적으로 좋은 재질을 사용하면서도 생산에서 판매까지 원스톱으로 관리할 수 있는 효율적인 공급 체인을 가지고 있기 때문에 고객의 요구에 탄력적으로 대응할 수 있다.

두 번째로는 가격 설정, 할인 또는 세일의 타이밍이 적절한가에 대한 부분이다. 마케팅에서 가격적인 요소는 시장에서 가장 반응이 빠르고 프랜차이즈 경영에 직접적인 영향을 주는 매우 중요한 요소이다. 가격 경쟁력을 가지고 있다면 경쟁사에 비해 상당히 유리한 입장에서 시장을 선점할 수 있다. 이렇게 본다면 고객사는 생산에서 유통까지 일원화된 시스템을 오랜 기간 운영한 노하우를 가지고 있었기 때문에 충분한 가격경쟁력을 확보하고 있었다.

실제 지역에서도 프랜차이즈 점포들을 확산할 수 있었던 이유는 이러한 장점을 충분히 활용하였기 때문이다. 가격적인 장점은 우선 단기적으로는 전국 단위의 프랜차이즈 점포를 모집하는 데 활용할 수 있으며 장기적으로 운영 점포들의 상권 내 경쟁력 강화와 경영 개선에도 확대해서 적용시킬 수 있다.

세 번째로 거래 판매점 수와 상품 진열에 대한 부분이다. 고객은 지역에서 30여 개의 프랜차이즈 점포를 운영한 경험을 가지고 있다. 이러한 경험은 충분하지는 않지만 새로운 점포를 확보하는 데는 매우 필요한 부분이다. 또 매장에서 상품을 진열할 때 기존의 프랜차이즈 점포를 모델로 새로운 운영 시스템을 준비할 수 있기 때문에 충분히 검증된 시스템을 가지고 있는 것이다. 단기적으로는 이러한 시스템을 활용하고 장기적으로는 상품 진열 및 고객 만족의 핵심을 지속적으로 개발하여 나가는 것이 필요하였다.

거점형 프랜차이즈의 특성은 단기간에 적정한 점포의 확보가 가능한가에 달려 있다. 시스템을 갖추고 있고, 그 시스템을 활용해서 손익분기점을 맞추려면 최소한의 점포 수가 확보되어야 한다. 그 점포의 수는 산업과 거점마다 다를 수 있지만 최소 30개 이상의 점포를 단기간에 확보하는 것이 가장 중요한 포인트다.

네 번째로 매장 만들기이다. 현재 프랜차이즈의 추세는 온·오프라인을 통합한 원스톱 서비스를 제공하는 것을 핵심으로 하고 있다. 즉 매장에서 단순히 안경을 구매하는 데 그치지 않고 자신에게 맞는 스타일의 안경을 온라인에서 확인한 다음에 오프라인 매장에서 체험해보고 다양한 서비스를 받을 수 있게 해주는 것이다. 현재는 단순히 오프라인 매장에서 POP를 통한 판촉과 고객 만족을 추구하고 있다. 하지만 전국적인 프랜차이즈로 경쟁력을 갖추기 위해서는 다양한 수준의 서비스를 제공할 수 있도록 새로운 수준의 서비스를 지속적으로 개발해야 한다.

예를 들어 안경 브랜드인 와비파커의 경우에는 고객들에게 자신만의 스토리를 제공함으로써 고객들의 관심을 이끌어 내고 이를 중심으로 와비파커만의 브랜드를 끊임없이 개발함으로써 더 높은 수준의 고객 만족을 이끌어 냈다. 여기에서 핵심은 고객들이 원하는 수준의 제품을 합리적인 가격에 선택할 수 있는 기회를 제공했다는 것이다.

고객은 자신이 선택한 후 와비파커가 제공하는 5가지의 안경테를 착용한 후 영상을 통해서 자신의 지인들에게 어떤 것이 최적의 스타일인가를 문의할 수 있는 기회를 가지게 된다. 이러한 과정을 통해서 고객은 자신에 가장 잘 맞는 안경테를 선택하게 되고 자신의 주변인들과 재미있는 커뮤니케이션을 경험하게 된다. 이러한 판매의 개념은 기존의 프랜차이즈 매장에서 고객들이 선택한 제품을 구매하는 방식에 스토리를 더해 선택의 폭을 넓힌 사례이다. 이러한 사례의 시사점을 컨설턴트가 고객에게 제시함으로써 고객은 자신의 경험에 또 다른 방식을 접목할 수 있는 기회를 가지게 된다.

마지막으로 직원들의 행동에 대한 부분이다. 우선 고객을 대하는 수준을 높이는 것이 중요했다. 프랜차이즈 점포의 접점에서 방문 고객들의 만족도를 높이면 고객들의 입소문을 통해 좀 더 빠르게 프랜차이즈 점포 확장을 추진할 수 있다. 프랜차이즈 점포를 운영하는 점주들은 판매에 많은 영향을 주는 고객들의 반응에 민감하다. 때문에 고객이 좋아하는 프랜차이즈 브랜드가 있다면 그 브랜드를 주목하는 것이 당연하다. 그래서 영업 중인 프랜차이즈 점포를 방문한 고객들의 만족을 통해 미래의 프랜차이즈 점주를 모집하는 것이 필요하다.

이러한 마케팅을 추진하기 위해서 컨설턴트는 기존 점포의 고객 만족 수준을 진단하고 이를 통해 더 높은 수준의 고객 만족을 이끌어 내는 작업을 선행해야 한다. 특히 거점 중심의 프랜차이즈 비즈니스에서는 거점 점포를 방문한 고객들의 긍정적인 입소문이 필요하다. 방문고객의 만족 수준이 높아지면 이를 활용해 프랜차이즈 점포 운영을 원하는 가맹점주들을 모집할 수 있기 때문이다.

안경 사업의 특성은 산업에 종사하는 사람들이 보수적인 성향을 가지고 있다는 것이다. 이렇게 보수적인 프랜차이즈 사업에서 성공과 실패의 핵심은 기존의 점포를 최대한 활용해서 브랜드를 알리는 것이다. 이러한 성과를 달성하기 위해서는 직원들이 실행해야 할 활동이 명확해야 한다. 그래야만 그 활동을 기준으로 시장에서 가망 고객을 확보하고 지속적으로 프랜차이즈 점포를 늘려가는 것이 가능하다.

마케팅 5P 전략

매카시(E. J. McCarthy)의 마케팅 4P 전략에 최근 1P가 추가되어 5P 관점이 되었다.

제품 (Product)	가격 (Price)	촉진 (Promotion)	유통 (Place)	+ 종사자 (People)
• 외양 (Features)	• 표시 가격 (List price)	• 광고 (Advertising)	• 판로 (Outlets)	• 평판 (Reputation)
• 브랜드 (Brand name)	• 가격 할인 (Discounts)	• 대인 판매 (Personal selling)	• 유통 상권 (Coverage)	• 책임 (Responsibility
• 포장 (Packing)	• 반품 할인 (Allowances)	• 판매 촉진 (Sales promotion)	• 운송 (Transportation)	• 관계 (Relationship)
• 유용성 (Service)	• 보증 기간 (Credit terms)	• 직접 판매 (Direct marking)	• 재고 수준 (Stock level)	• 보상 (Reward)
• 품질 보증 (Warranty)	• 반품 기간 (Payment period)			• 엄격 (Rigor)

5) 추진과제를 선정한다

아무리 좋은 프로젝트 추진 안이 있어도 실행하지 않는다면 성과를 만들어낼 수 없다. 결국 프로젝트에서 성과를 만들어내는 것은 제한된 시간과 자원을 가지고 가장 최적의 성과를 낼 수 있는 과제를 어떻게 선정하는가다.

현재 고객의 문제는 전국적인 프랜차이즈 비즈니스를 하는 것이다. 그리고 그 갭의 크기는 매우 큰 편이다. 그것도 가급적 단기간에 거점을 중심으로 최소 30개 이상의 프랜차이즈 점포를 모집해야 한다. 이러한 작업을 진행하는데 우선적으로 필요한 것을 과제로 선정해야 한다. 그래서 가장 중요한 과제도 점포 오픈에 관련된 매뉴얼을 확보하는 것을 선정했다.

그 다음으로 중요한 것은 프랜차이즈 점포를 모집하는 영업 활동이다. 이 활동은 인바운드 활동과 아웃바운드 활동으로 나뉠 수 있는데, 인바운드 활동은 광고를 통해 문의가 오는 고객들을 중심으로 상담하는 것이다.

안경 업계의 보수적인 성향을 감안한다면 인바운드 영업이 초기 영업 활동의 기반을 만드는 데 꼭 필요하다. 이러한 활동과 함께 기존의 안경사들을 통한 소개 영업을 확대해 나가는 것이다. 우선은 주변의 지인부터 시작하고, 그 범위를 점차로 넓혀가는 방식이다.

마지막으로 진행해야 하는 것이 방문 영업이다. 지역 거점을 중심으로 그 영역에 있는 안경점과 관련 있는 사람들을 확인하고 우선순위를 정해 방문활동을 전개하는 것이다. 이러한 결정을 할 때 주의할 점은 너무 시급성에 맞추어 일을 추진하면 중요한 일들이 뒤로 미루어진다는 것이다.

중요한 일들의 특징은 당장 시급하지는 않지만 나중에 진행하려고 하면 생각보다 많은 시간과 자원을 투자해야 하는 경우가 발생한다. 그래서 과제의 우선순위를 선정하기 위해서는 시급성과 함께 중요성을 같은 비중으로 높게 관리해야 한다.

6) 프랜차이즈 컨설팅의 가장 큰 성과

6개월 간 이 안경 프랜차이즈 프로젝트를 진행하면서 얻은 성과는 단순히 고객의 경험에만 의존했던 프랜차이즈 사업에 대한 전략을 현재의 상태와 이상적인 상태의 갭(Gap) 분석을 통해 향후 발생할 수 있는 문제점을 명확하게 했다는 점이다. 비즈니스의 문제점이 명확해지면 이를 해결하기 위해 과제들을 도출할 수 있다. 이렇게 도출된 과제를 순차적으로 실행함으로써 비즈니스의 완성도가 높아진다.

이 컨설팅을 통해 실제로 지방에서 운영한 프랜차이즈 사업을 수도권으로 확장하는데 발생할 수 있는 시행착오를 최소화하였다. 특히 안경 프랜차이즈 시장의 경우에는 진입 장벽이 높은 산업이기 때문에 사업 초기에 어떤 전략을 가지고 실행하는지가 매우 중요하다. 초반에 명확한 전략 방향을 설정하지 못하고 실행하면 나중에 발생하는 문제점들을 해결하는 데는 너무 많은 비용과 시간이 필요하게 된다.

이 프로젝트의 또 다른 특징은 기존 안경 프랜차이즈 비즈니스의 성공 사례를 벤치마킹 수준에 머무르지 않았다는 점이다. 만약 고객이 처음으로 프랜차이즈 비즈니스를 시작하는 것이었다면 기존의 성공 사례가 중요하다. 하지만 우리 고객은 지방에서 성공한 비즈니스 모델을 가지고 있었다.

그 비즈니스 모델의 분석을 통해 전국 단위의 프랜차이즈 비즈니스에 활용할 수 있는 발전된 비즈니스 모델을 만든 것이다. 이 과정을 통해 단순 모방이 아닌 우리만의 비즈니스 모델을 장착함으로써 안경 프랜차이즈 사업에서 타 브랜드와는 차별화된 브랜드를 구축할 수 있는 기반을 만들었다. 진행하면서 약간의 진통과 시행착오는 있었지만 우리의 강점을 활용해 전국 단위의 안경 프랜차이즈 사업을 추진할 수 있는 비즈니스 모델을 구축했다는 것이 가장 큰 성과다.

리서치에 필요한 실행 역량

1) 시장 정보를 항상 수집하라

현장에서 진행되는 비즈니스는 상당한 역동성을 가지고 있다. 컨설팅을 의뢰한 고객은 자신의 비즈니스에서 항상 바쁘게 활동하고 있다. 또 고객을 상대하면서 현재의 비즈니스를 더 높은 수준으로 올리려는 노력에 집중하다 보면 작은 것에 집착하여 큰 것들을 놓치는 경우가 많다.

컨설턴트는 프로젝트를 진행하는 동안 산업의 전체적인 동향과 트렌드에 대한 정보를 수집하는 활동을 지속적으로 해야 한다. 그것이 고객이 자신의 비즈니스에서 성과를 창출할 수 있도록 지원하는데 필수적인 요소이다. 컨설턴트는 이러한 활동을 통해 새로운 방법론이나 차별화된 해결책을 고객에게 제공할 수 있다.

2) 고객의 경쟁사 정보를 분석하라

시장에서의 경쟁은 항상 치열하게 전개되는 특성을 가진다. 특히 지금과 같이 전체적인 성장이 둔화되고 있는 시장에서는 모든 기업들이 자신들의 고객을 유지하면서 경쟁사의 고객을 추가로 확보하기 위한 노력을 병행한다. 심지어는 모든 자원을 새로운 고객을 확보하는데 집중하는 경우도 있다.

고객의 경쟁사가 어떤 자원을 가지고 어떤 활동을 하는지를 면밀하게 파악하지 못하면 내부의 개선을 통해 갖춘 경쟁력을 발휘하기도 전에 경쟁에서 뒤처지는 결과가 나올 수도 있다. 컨설턴트는 고객의 경쟁사에 대한 정보를 지속적으로 수집하여 이를 프로젝트에 반영할 수 있어야 한다. 그래야만 프로젝트에서 발생하는 새로운 가치가 성과로 이어질 수 있다.

예를 들어 우리는 프랜차이즈 점포를 운영하는 점주를 모집하는 데 집중하고 있다. 그런데 우리와 직접적인 경쟁자의 위치에 있는 프랜차이즈 본부에서는 기존의 매장들 중 효율적이지 못한 매장들을 정리하고 통폐합하면서 프랜차이즈 점포의 효율화 작업을 진행하고 있다면 그 결과는 우리가 추진하는 신규 가맹점 확보에 많은 영향을 줄 수 있다. 그래서 컨설턴트는 경쟁사 정보를 정기적으로 분석해 우리가 추진하는 전략에 반영하는 작업을 실행해야 한다.

3) 성과에 대한 정보를 정기적으로 관리한다

기업의 경영 성과는 마치 살아있는 생물과 같다. 지금은 좋지만 다음 달에도 그 성과가 유지된다는 보장이 없기 때문에 컨설턴트는 프로젝트가 진행되는 동안 고객의 경영 성과에 대한 정보를 모니터링 해 고객과 경영 전반에 대해 논할 수 있어야 한다.

필자가 외국계 기업의 한국 지사를 컨설팅할 때의 사례이다. 그 기업은 당시 한국 시장에서 많은 성과를 올리고 있었다. 매출액과 이익이 매년 성장하고 있었고, 국내 시장에서 차지하는 시장점유율도 매년 증가하고 있었다. 이러한 현상을 반영하여 필자는 기업에게 좀 더 공격적인 시장 확보를 요청하였고 그에 필요한 인력을 추가로 확보하는데 필요한 기획안을 만들기도 했다. 이렇게 공격적인 경영을 전개하는 중에 이 기업의 미국 본사가 글로벌 금융위기로 인해 경영의 어려움에 처한 것이다. 결국 본사는 전 세계에 있는 지사들에게 모든 비용의 지급을 동결하는 결정을 하게 되었고 필자가 진행하던 프로젝트도 일정 시점에서 중단되는 단계에 이르렀다. 필자는 한국 지사가 공격적인 경영을 진행하고 있었기 때문에 고객의 본사에 대한 정보를 수집하는 것을 잊고 있었던 것이다.

결국 6개월 동안 진행되었던 프로젝트는 최종 결과물을 만들지 못한 채 정리하고 중간 결과를 공유하는 수준에서 마무리되었다. 그때 프로젝트를 진행하는 고객의 내부 정보를 좀 더 민감하게 관리했더라면, 특히 지사뿐 아니라 본사까지도 포함해서 현황을 파악하고 있었다면 프로젝트의 중간에 마무리를 하는 일을 발생하지는 않았을 것이다.

4) 신규 고객 및 기존 고객의 정보에 집중하라

경영에서 중요한 요소 중 하나가 고객이다. 기업이 신규 고객을 발굴하는 활동을 하지 않는다면 지속적인 성장에 어려움을 가질 수 있고, 기존 고객의 만족을 높이지 못하면 수익성이 악화되기 때문이다.

컨설턴트에게 기업의 지속적인 성장이나 수익의 발생 여부는 매우 중요하다. 내가 지원하고 있는 고객의 비즈니스를 정확하게 분석하기 위해서 그 기업의 신규 고객 발굴 현황과 기존 고객의 관리 현황을 면밀하게 관리하여야 한다.

5) 경영 효율성 관련 정보를 점검하라

어떤 기업도 낭비가 없는 기업은 없다. 그만큼 조직을 운영하면서 효율적인 상태를 유지하기가 힘들다는 것이다. 그래서 컨설턴트는 조직의 경영 활동 중에 낭비 요소가 어떤 것이 있는지에 관심을 가져야 한다. 이러한 관심을 바탕으로 경영의 문제점을 찾아내고 그 문제를 해결하기 위한 과제를 선정해야 한다.

이러한 경영 효율성을 유지할 수 있도록 하는 기업 활동은 성과와 연결되기 때문에 고객의 새로운 가치를 창출하게 하는데 매우 유용하다. 그래서 컨설턴트는 고객사의 경영 효율성과 관련된 정보를 수시로 파악하고 있어야 한다.

리서치의 Do & Don't 사례

리서치 활동은 허수가 많이 발생하기 때문에 주의해야 한다. 예를 들어 컨설턴트가 문제를 정확하게 진단하지 못한다면 엉뚱한 대안을 제시해 기업 경영에 혼선을 가져올 수 있다.

세계적인 컨설팅 그룹인 M사는 국내 한 대기업에게 소비재 중심 사업에서 중공업 중심으로 사업구조를 개편할 것을 제안했다. 이에 따라 소비재 산업 기반의 자회사를 매각하고 개편을 진행하던 이 기업은 2008년 금융 위기로 인해 사업에 엄청난 타격을 입으면서 위기에 직면하게 되었고 대대적인 구조조정을 해야만 했다.

이처럼 컨설턴트의 잘못된 제안에 따라 치명적인 피해가 발생할 수 있다. 컨설턴트가 올바른 판단을 내리기 위한 정보는 리서치 과정에서 얻게 된다. 지금부터 리서치 과정에서 꼭 해야 할 일과 하지 말아야 할 일에 대해 알아보자.

1) 고객이 직면한 문제와 원인을 명확히 알고 있는가

컨설턴트는 프로젝트에서 반드시 고객과 비전을 공유해야 한다. 프로젝트의 리서치 단계에서는 고객이 가지고 있는 이상적인 상태에 대한 공유가 필요하다. 고객이 자신의 비즈니스를 어떠한 상태로 만들고 싶어 하는지에 대해 명확한 이해가 없으면 전혀 다른 결과를 만들어 낼 수도 있기 때문이다.

필자의 경우에도 경영 전략을 수립하는 프로젝트를 수행하면서 고객 비즈니스 전반을 분석하여 향후 어떤 전략을 가지고 비즈니스를 진행해야 하는지에 대한 전략 방향을 설정한 다음 장기적인 실행과제까지 도출해 그 결과를 고객에게 공유하였다.

하지만 고객이 가진 생각은 현재 경영의 결과로 나타나는 문제점을 우선적으로 개선하겠다는 것이었다. 즉 고객이 생각하는 이상적인 상태는 현재의 시점에서 가장 단기간에 경영상의 문제점을 해결하여 성과를 개선하는 것이었다. 만약 내가 고객이 가지는 이상적인 상태에 대해 좀 더 집중했다면 고객과 내가 모두 만족하는 결과를 더 빠르게 얻을 수 있었을 것이다.

컨설턴트는 산업에 대한 선입관을 가지고 프로젝트에 착수해서는 안 된다. 특히 기업 고객을 상대하는 B2B 비즈니스의 경우에는 고객사의 복잡한 비즈니스를 이해하는 것이 중요하다.

컨설턴트가 B2B 비즈니스를 하는 기업을 컨설팅하는 경우에는 대부분 고객과의 관계에서 기술적인 부분의 문제를 해결하기 위해 접근하는 경우가 많다. 하지만 기술적인 문제를 해결한다고 해서 고객과의 관계가 좋아지는 것은 아니다. 고객과의 관계에서 기술적인 요인은 필요조건이기는 하지만 충분조건은 아닌 것이다.

그러기 때문에 복잡한 비즈니스를 하는 고객을 상대할 때 컨설턴트가 주의해야 할 일을 고객의 비즈니스에 대해 단편적으로 접근해서는 안 된다는 것이다. 기술적인 요소가 복잡한 비즈니스일수록 고객과 컨설턴트 간의 신뢰가 더 중요하다.

2) 가능한 한 많은 문제점을 추출하고 있는가

프로젝트의 리서치 단계에서 고객의 문제점을 도출하는 것이 필요하다. 고객의 문제점을 도출하는 목적은 그 문제점을 해결하는 과정에서 고객의 성과 창출을 실현할 수 있기 때문이다. 그래서 프로젝트에서 도출되는 문제점을 보면 그 프로젝트의 결과가 보인다고 할 정도로 중요한 의미를 가진다.

컨설턴트는 고객의 비즈니스를 자세히 관찰하여 고객의 문제점들을 명확하게 도출하고 그 문제를 해결하기 위한 과제를 선정하여 단계적으로 과제를 추진할 수 있어야 한다.

특히 과제를 선정하고 난 뒤에는 중요한 과제와 시급한 과제의 비중을 잘 파악해서 추진 단계를 설정하는 것이 중요하다. 이에 대한 부분이 명확하지 않으면 프로젝트의 성과가 단기적인 성과를 제한될 수 있다. 경영에서 가장 중요한 것은 지속적인 성장을 하는 것이다. 그러기 위해 컨설턴트는 도출된 문제점을 분석하고 이를 통해 중요성과 긴급성을 반영한 추진 과제를 설정해야 한다.

프로젝트에서 추진할 문제점을 찾아내는 것은 생각보다 많은 시간을 필요로 한다. 특히 기술적인 요소가 복잡하고 경쟁사가 많은 고객사를 컨설팅하는 경우에는 더욱 많은 시간이 필요하게 된다. 이때 제일 중요한 것은 자원과 시간이다. 문제 해결의 기본 원칙은 충분한 자원과 시간이 있다면 모든 문제를 해결할 수 있다는 것이다.

하지만 컨설턴트는 정해진 시간에 정해진 자원을 가지고 고객의 문제를 해결해야 한다. 그런데 프로젝트의 리서치 단계에서 너무 많은 시간을 사용하게 된다면 정작 성과에 영향을 미치는 실행단계가 부실해질 수 있다. 실제 리서치 단계에서는 고객이 가진 문제를 가능한 한 많이 도출하는 것이 중요하지만 너무 많은 시간을 할애하는 것은 오히려 프로젝트의 진행에 나쁜 영향을 준다.

4장

프로 컨설턴트 6가지 비법의 마무리

컨설테이션으로 원리와 원칙을 전달한다

컨설테이션이라는 단어가 일반 독자들에게는 조금 생소한 용어로 들릴 수 있다. 그러나 그 의미는 생각보다 어렵지 않다. 사전에서 '경영 컨설테이션(經營 consultation)'을 찾아보면 다음과 같이 소개하고 있다. '기업의 요청으로 경영 기술 전문가가 기업 경영의 실태를 조사하여 문제점을 발견하고 합리적인 경영 방법을 제시하는 일'.

컨설테이션의 정의와 목적

프로 컨설턴트의 식스모델 중 세 번째 스텝인 컨설테이션의 정의는 비즈니스 현장에서 발행하는 문제에 대한 고객의 모든 움직임에 대응하는 컨설턴트의 역할을 말한다.

프로 컨설턴트가 컨설테이션을 실행하는 목적은 고객의 문제 해결을 위해 정리해야 할 일들이 무엇인지를 명확하게 만드는 일이다. 컨설테이션의 필요했던 원두커피 제조사의 사례를 통해 그 중요성을 확인해 보자.

원두커피 제조사의 컨설팅 사례

1) 원두커피 제조사의 문제점들

원두커피 관련 제품을 제조 판매하는 E 업체는 자사 브랜드의 시장 조기 정착과 유통 채널의 판매 강화를 위한 마케팅 전략의 필요성을 절실히 느끼고 컨설팅을 진행하게 되었다. 우리가 가지고 있는 대용량 원두커피 추출과 집진 기술을 기반으로 한 국내 시장의 마케팅 전략이 필요했지만 중소기업의 특성상 이러한 전략을 수립할 수 있는 역량이 없었다.

2) 기업 문제의 해결 방안 수립

고객이 직면한 문제를 해결하기 위해서는 원두커피 시장의 산업 환경 분석과 자사와 경쟁사 중심의 가격 경쟁력 비교를 통해 마케팅 전략을 수립하고, 이를 기반으로 경영의 문제점을 도출하는 마케팅 방향 설정이 필요했다.

결론적으로 이 컨설팅에서 우리가 추진해야 하는 방향은 유통 채널 확대를 위한 활동 방향 설정과 신규 거래처 발굴을 위한 마케팅을 확대하는 것이었다.

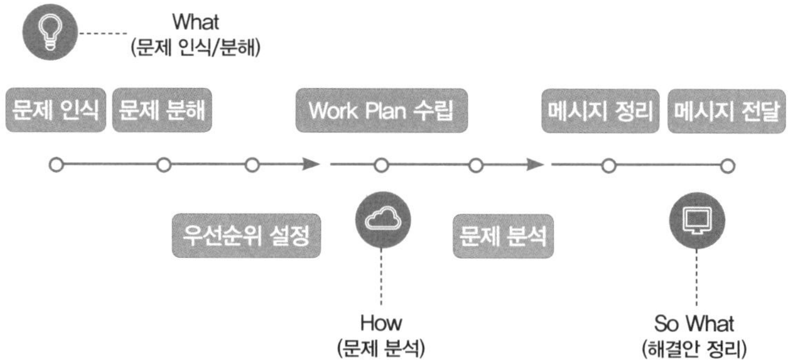

3) 해결 방안의 실행 목표 설정

이 프로젝트는 기존의 영업 방식인 인맥을 통한 대형 거래처 중심의 영업에서 탈피해 기술 기반의 영업 활동으로 신규 고객의 수를 150% 이상 확대하는 것과 신 유통을 중심으로 한 직거래 채널을 10개 이상으로 확대하는 것을 목표로 설정하였다.

이러한 목표를 기반으로 기존 거래처의 목록과 거래현황을 정리하고 추가로 발굴해야 하는 신규 거래처 발굴 목표와 활동 목표를 설정하였다.

이는 고객이 수행해야 하는 일과 고객이 할 수 있는 일 그리고 컨설턴트가 수행할 일을 통합하여 상호조정 하고, 고객과의 관계에서 상승 효과를 창출하기 위한 것이었다.

4) 실행 목표 달성을 위한 활동

설정된 목표를 달성하기 위해 가장 필요한 것은 현재 사장이 혼자서 수행하던 마케팅 업무를 활성화시키기 위한 필요 인원 충원이었다. 인력의 충원은 중소기업으로서는 상당한 부담을 수반하는 작업이었지만 새로 수립된 마케팅 전략에 의해 해야 할 일이 명확해지면서 실행을 위한 투자를 결심하게 되었다.

이러한 과정을 거쳐 보강된 마케팅 부분의 경쟁력을 중심으로 원두커피 관련 행사에도 적극적으로 참여하여 우리가 가지고 있는 원두커피 브랜드의 홍보 활동을 확대하였다.

5) 원두커피 제조사 컨설팅의 가장 큰 성과

이번 컨설팅 프로젝트를 통해 E 사는 마케팅 전략을 활용한 성장 동력을 확보할 수 있었다. 우선 유통채널 강화를 위한 영업 사이클의 구축을 구현하였으며 프로젝트 기간에 주간 영업 활동 계획을 수립하고 영업 활동 결과를 기록하여 실제 소매상의 신규 거래처 개설이 성과로 나타났다.

특히 유통 채널 강화 방안에 대한 필요성을 사장과 직원들이 공유하였으며 프로젝트에서 도출된 전략들을 향후 지속적으로 실행하겠다는 다짐을 통해 단지 현재의 활동에서 끝나지 않고 향후에도 지속적으로 진행해야 한다는 공감대를 형성하였다.

컨설테이션에 필요한 실행 역량

1) 고객의 문제를 공유하라

경영 컨설팅에서 발생하는 문제 해결의 기본은 그 문제에 대한 사안들을 고객과 함께 공유하는 것에서 시작된다. 기업이 갖는 문제는 간단한 분석만을 통해서 해결할 수 있는 단순 분석형 문제와 새로운 방식을 도입하면 해결되는 창조 지향형 문제 그리고 동일한 문제가 반복적으로 나타나 단순한 방식으로는 해결이 어려운 가설 설정형의 문제로 나누어진다.

이 중에서 고객의 경영에 직접적인 영향을 주는 문제는 대부분 가설 설정형 문제들이다. 이러한 문제의 특징은 단순한 분석이나 새로운 방식의 접근으로는 해결이 어렵다는 것이다. 이러한 문제들을 고객과 공유하여 해결의 실마리를 만들어 내는 작업을 진행해야 한다.

2) 문제에 대한 해결안을 수립하라

해결안을 수립하는 과정에서 고객과 공유한 문제에 대한 과제의 해결책을 가능한 한 많이 열거하는 하는 것이 필요하다. 이때의 관점은 어떻게 해결할 것인가에 집중하여 반복적으로 해결안을 찾아내야 한다.

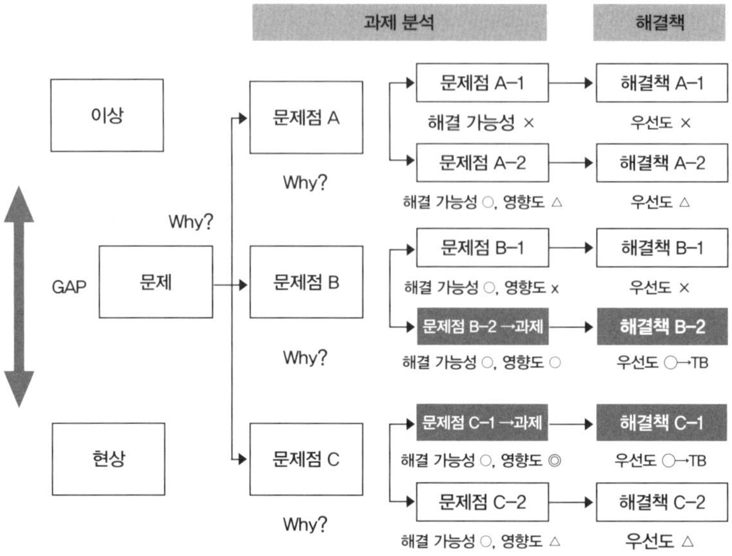

3) 해결안에 우선순위를 부여하라

다수의 해결안 중에서 '그것이 해결 가능한가?'와 '그렇지 않은가?', 그리고 '해결안의 영향력의 크기가 큰가? 작은가'를 비교하여 우선순위를 부여한다.

4) 해결안의 실행 목표를 설정하라

실행 목표의 설정은 실행의 질적 수준과 양적 수준과 목표 달성의 시기 마지막으로 실행 목표의 책임자를 결정하는 것으로 마무리된다.

해결 액션	목표			책임자
	질(골)	양(횟수)	납기	

5) 실행 계획을 작성하라

실행 계획은 실행 목표가 결정되어 기간마다 목표와 실적을 비교할 수 있는 수준으로 마무리된다.

해결 액션	책임자	목표/실적	월				월				월			
			1W	2W	3W	4W	1W	2W	3W	4W	1W	2W	3W	4W
		목표												
		실적												
		목표												
		실적												
		목표												
		실적												
		목표												
		실적												

컨설테이션의 Do & Don't 사례

1) 고객의 문제에 대한 해결안을 가지고 있는가

컨설턴트는 고객이 가지고 있는 문제에 대한 해결책을 설정할 수 있어야 한다. 이때 고객이 가지고 있는 문제에 구조적인 관점에서 접근하는 것이 해결안을 설정하는 데 도움이 된다. 주로 고객이 가지고 있는 문제는 자사와 고객 그리고 경쟁사의 관계에서 발생하는 경우가 많다.

이러한 문제에 대한 해결책을 찾기 위해서는 좀 더 넓은 범위에서 접근하는 것이 유리하다. 예를 들어 자사, 고객, 경쟁사의 관점인 3C의 관점을 확대해 고객의 고객과 고객의 경쟁자와의 관계까지를 분석하면 해결책을 좀 더 다양한 각도에서 찾을 수 있다.

프로 컨설턴트는 자신의 경험에 지식 체계를 더한 역량을 가지고 고객의 새로운 가치 창출을 지원하는 사람이다. 때문에 고객이 제시하는 문제에 대한 해결안을 자신이 가지고 있는 역량에 한정해서 설정하는 경우가 있다.

이러한 경우에 고객의 새로운 가치 창출보다는 프로 컨설턴트의 경험과 지식 체계가 우선되기 때문에 고객의 문제에 대한 최적의 해결안을 설정하기가 어렵다. 때문에 프로 컨설턴트는 자신의 전문성을 바탕으로 다양한 관점의 해결안을 설정할 수 있어야 한다.

2) 해결안이 성과를 창출할 수 있다고 고객을 이해시키고 있는가

프로 컨설턴트는 자신이 설정한 해결안에 대한 확신이 있어야 한다. 그래야 그 해결안이 문제 해결을 통해 새로운 성과를 창출할 수 있다고 고객을 설득할 수 있다. 하지만 이러한 확신은 새로운 지식이나 아이디어에서 나오는 것이 아니라 프로 컨설턴트가 직접 실행한 경험과 그를 구체화할 수 있는 지식 체계를 기반으로 발현된다. 때문에 고객에게 해결안을 제시할 때에는 구체적인 방법론과 함께 그를 통해 새로운 가치를 창출한 사례를 제시하는 것도 좋은 방법이다.

고객이 가지고 있는 문제에 대한 해결안을 프로 컨설턴트가 직접 실행할 수 없는 경우에는 고객에게 해결안에 대한 실행 로드맵을 구체적으로 제시할 수 있어야 한다. 프로 컨설턴트가 문제 해결을 위해 설정한 해결안의 모든 것을 실행하려고 하는 경우에 그로 인해 문제가 발생하거나 고객과의 신뢰 관계가 무너지는 경우가 있다.

그래서 자신이 설정한 해결안의 전부를 스스로 진행하겠다는 생각을 가지는 것은 피해야 한다. 그리고 항상 최적의 해결안을 설정하고 이를 실행하는 방법에서도 최적의 실행자를 스스로 찾거나 고객에게 그 사람을 추천할 수 있어야 한다.

코디네이션으로 새로운 가치를 창출하자

코디네이션이란 말을 듣고 혹시 정수기를 떠올리지는 않았는가? 한 정수기 회사 광고에서 정수기를 관리하는 사람을 코디네이터라고 지칭해 많은 일반 독자들이 혼동을 일으킨다. 사전에서 '코디네이션(coordination)'을 찾아보면 다음과 같다. '의상, 화장, 액세서리, 구두 따위를 전체적으로 조화롭게 갖추어 꾸미는 일.'

하지만 컨설팅 현장에서 사용되는 의미는 다르다. 간단히 말해 컨설팅에서 코디네이션의 의미는 '고객과 정보 공유를 통해 새로운 가치를 창출하는 활동'이라 할 수 있다.

코디네이션의 정의와 목적

프로 컨설턴트의 식스모델 중 네 번째 스텝인 코디네이션의 정의는 앞서 말했듯 '컨설턴트와 고객이 정보를 공유하여 새로운 가치를 창출하는 활동'이다.

프로 컨설턴트가 코디네이션을 실행하는 목적은 '고객과의 관계에서 새로운 가치를 창출하기 위해 요구되는 활동이 무엇인지를 명확히 하는 것이다'.

기업이 경영정보를 프로 컨설턴트에게 공개하는 것은 많은 위험을 동반하기 때문에 프로 컨설턴트는 프로젝트에서 새로운 가치 창출을 위해 어떤 활동을 진행할지를 고객에게 명확하게 알려야 한다. 이러한 활동을 통해 프로 컨설턴트가 창출하고자 하는 성과를 구체화된 문서나 사례로 제시함으로써 고객에게 정보의 필요성을 명확히 하는 것이다.

프로 컨설턴트는 고객에게 프로젝트를 제안하는 단계에서 필요한 정보들을 우선 확보하고 정리한다. 또 진행하는 프로젝트와 유사한 프로젝트를 수행한 경험이나 관련 사례를 가지고 있는 경우 프로젝트와 관련된 정보를 쉽게 고객에게 제공할 수도 있다. 하지만 전혀 새로운 프로젝트인 경우에는 프로젝트 단계별로 필요한 정보들을 체계적으로 정리하는 작업이 필요하다. 이러한 과정을 거쳐야만 프로젝트 수행에 필요한 정보 체계가 구축되는데 이는 실제 프로젝트의 결과에 많은 영향을 미친다.

또 프로 컨설턴트가 가지고 있는 프로젝트와 관련된 정보를 고객에게 제시하고 고객과 함께 창출하고자 하는 시너지를 명확하게 설명해야 한다. 이러한 활동으로 고객이 가지고 있는 어떤 자료가 필요한지 목록으로 만들어 고객사에 제공을 요청해야 한다. 프로 컨설턴트가 목록으로 정리된 요청 자료 리스트를 제시해도 고객의 입장에서는 정보를 찾는 것이 쉽지 않다.

기업 안에 있는 정보들은 대부분 관련 부서에 흩어져 있거나 필요에 따라서 부분적으로 관리되기 때문이다. 때문에 컨설턴트는 요청 자료 목록을 작성할 때 자료의 명칭을 구체적으로 기록하고 그 자료의 활용 목적까지 제시해야 한다.

그리고 고객이 자료를 준비할 수 있는 시간을 충분히 제공해야 한다. 프로젝트를 진행하면서 당장 필요한 자료의 경우에는 순차적으로 자료를 요청하여 고객에게 부담이 되지 않도록 하는 것도 필요하다.

프로젝트에 필요한 시너지 창출에 필수적인 부분이 정보다. 프로 컨설턴트는 우선 자신이 제공할 수 있는 정보를 고객에게 순차적으로 알기 쉽게 설명함으로써 고객이 어떠한 시너지를 만들어낼 수 있는지에 대한 공감대를 형성해야 한다. 그래야만 고객에게 필요한 협력을 이끌어 낼 수 있다.

☑ **Check point**

시너지 창출

프로젝트를 의뢰한 고객의 기대 사항과 그 프로젝트를 수행하는 컨설턴트의 수행 역량 사이의 상호 조정을 통해 시너지를 창출한다.

반려동물 사업전략의 컨설팅 사례

다음은 필자가 진행했던 컨설팅 중 코디네이션이 주요했던 반려동물 쇼핑몰의 사례다. 함께 살펴보자.

1) 사업의 경쟁력을 바꾸는 컨설팅

기업에서 해외영업 업무를 담당하던 D 대표가 창업을 생각하게 된 계기는 자신이 깊은 관심을 가지고 있던 반려동물 사업의 시장이 지속적으로 성장하고 있다는 것을 알고 난 뒤이다. 실제로 40대 후반의 사장은 15년 넘게 다니던 대기업의 안정적인 직장을 그만두고 반려동물과 관련된 쇼핑몰 사업을 창업한다.

자신이 너무도 아끼는 고양이를 핵심 아이템으로 하여 관련 상품을 온라인 쇼핑몰을 통해 판매하는 사업을 시작한 것이다. 오랜 직장 생활을 통해 구축한 구매 경험과 평소 관심을 가지고 공부해 온 디자인 실력을 기반으로 시작한 온라인 쇼핑몰 사업은 의욕적인 출발과 함께 단기간에 1,500가지가 넘는 아이템을 취급하는 중견 쇼핑몰로 자리를 잡는 성과를 만들었다.

2) 경영의 전문지식 부족에서 오는 위기

초기에 성공적인 론칭을 기반으로 자리 잡기 시작한 쇼핑몰 사업은 그 규모가 커지면서 온라인 마케팅을 하는 직원과 물류와 창고를 담당하는 직원들까지 채용하면서 탄탄한 전문 쇼핑몰로 기반을 갖추게 된다.

하지만 기업 경영에 대해 D 대표가 가지고 있던 구매에 대한 경험과 디자인에 대한 지식은 전체적인 관점에서 보면 아주 작은 영역이다. 즉 쇼핑몰 운영의 규모가 커지면서 필수적인 부분인 재무, 마케팅, 회계 등에 대한 대표의 전문적 지식과 경험의 부족으로 많은 시행착오를 경험해야 했다.

D 대표가 이러한 어려움을 자체적으로 극복하기 위해 먼저 실행한 것은 쇼핑몰에서 취급하는 아이템의 수를 축소하여 창고의 재고 부담을 줄이고 그와 연계해서 제품의 구매 단계 축소를 통한 업무 간소화와 구매 비용의 감축이었다.

이러한 노력은 재무적인 부분에서 도움이 되었으나 온라인 쇼핑몰의 특성인 고객들에게 다양한 선택의 폭을 제시하는 부분에서는 많은 경쟁력을 상실하게 되었다. 그리고 쇼핑몰 아이템 축소에서 온 경쟁력 상실로 인해 쇼핑몰의 매출액은 조금씩 떨어지게 되었고 한 달, 두 달 시간이 지나면서 그 매출 감소는 점점 더 빠르게 진행되었다.

3) 전문가와 협업을 통한 시너지 창출

필자가 이 회사의 D 대표를 만난 것은 이때쯤이었는데 이 시기에 회사의 매출액은 전성기 매출액의 삼 분의 일 수준으로 떨어진 상태였다. 이렇게 매출액이 감소하면서 대표가 취할 수 있는 경영의 선택권은 점점 더 축소되었고 결국에는 같이 근무하던 직원들과 결별하고 혼자서 쇼핑몰을 운영하는 1인 기업으로 전환하게 된다. 이렇게 회사의 경영을 회복시키려고 노력했지만 매출이 증가하지 않는 상태에서 기업을 경영한다는 것은 매우 어려운 일이다.

D 대표는 계속되는 경영 적자를 메우기 위해 회사의 외부에서 자금을 들여오기 시작했고 그러한 노력을 하면 할수록 더욱 어려움이 심화되면서 경영의 위기에 봉착했다. 이러한 어려움을 극복하기 위해 기업 경영에 대한 컨설팅을 요청하였던 것이다.

4) 고객의 핵심역량에 집중

이 기업의 컨설팅을 담당하게 되면서 가장 먼저 취할 수 있었던 방법은 대표의 생각을 듣는 것이었다. 대표의 생각은 명확했다. 대표는 반려동물 시장에 대한 확신을 가지고 있었다. 그리고 자신이 가족처럼 좋아하는 고양이 사업의 성장에 대해서 명확한 비전을 갖고 있었다.

특히 국내의 반려동물 시장은 높은 성장률을 보이는 시장이고 고령화와 1인 가구의 증가로 인해 시장에 대한 미래 전망도 무척이나 밝은 시장이다. 이러한 시장의 특수성이 반영되어 지자체에서도 반려동물과 관련된 비즈니스를 하는 중소기업들을 지원하는 많은 사업들을 추진하고 있었다.

5) 구체적인 문제 해결 방법의 모색

우선 D 대표와 상의해서 지자체에서 지원하는 사업의 종류에 대해 확인하고 그 지원 사업들 중에서 우리가 도움을 받을 수 있는 부분이 어떤 것이 있는지를 확인하였다. 대표가 가지고 있는 반려동물 비즈니스에 대한 확신을 마케팅적 차원에서 지원할 수 있는 부분이 필요했다.

지자체에서 지원하는 사업들 중에 마케팅 지원 사업이 있는지를 확인해보고 그 분야에 신청서를 제출하기로 했다. 지자체에서 반려동물 사업과 관련해서 세부적으로 지원하는 사업의 내용은 중소기업의 브랜드 강화 부분과 신제품 개발에 대한 부분이었다.

이 부분은 많은 중소기업들이 어려워하는 부분이다. 중소기업이 독자적인 브랜드를 개발하고 신제품을 시장에 출시하는 데는 많은 비용이 수반된다. 그리고 그 분야에 대한 전문가들의 도움을 얻어야만 가능한 작업이다. D 대표도 이에 대해 많은 관심을 가지고 있었지만 경험과 지식의 부족으로 실행에 옮기지 못했던 영역이었다.

6) 반려동물 컨설팅의 가장 큰 성과

소기업 대표들이 가지는 비즈니스의 어려움은 운영 자금과 인력에 대한 부분이 많은 비중을 차지한다. 이 사례에서도 가장 문제가 되는 것은 기업의 수익과 직결되는 마케팅을 어떻게 수행할 것인가에 대한 부분이었다.

이 문제를 해결하기 위해서는 마케팅 관련 전문 인력을 채용하거나 관련 업무를 하고 있는 전문 기관에게 이 업무를 위탁하는 것이었다. 하지만 이러한 방법은 중소기업이 부담할 수 없는 수준의 높은 비용 발생을 동반한다.

이러한 문제를 직접 해결하려고 노력하는 경우에도 D 대표의 전문성 부족이 문제였다. 또 기업의 마케팅 부문에 너무 많은 시간과 노력을 집중하다 오히려 경영의 다른 부분에서 문제가 발생하여 전체의 경영 상황을 더 악화시키는 경우도 있다.

하지만 D 대표는 프로 컨설턴트의 도움을 얻어 매출을 활성화할 수 있는 정부 지원 사업에 지원했다. 대표 스스로 해결할 수 없는 영역을 정부 지원 사업에 도움을 요청한 것이다. 이러한 노력으로 처음에는 소규모 정부 지원을 받게 되었다.

중소기업들이 현장에서 발생하는 마케팅적 문제를 해결하는 데 중요한 포인트는 필요한 시기에 필요한 수준의 정책적 지원이 실행되는 것이다. 실제 이 기업은 이러한 과정을 거쳐서 마케팅적인 문제 해결의 실마리를 찾았고 기업 경영의 새로운 돌파구를 만들게 된 것이다.

우선 지원 사업에 참여하면서 온라인 판매에 집중하던 방식에서 박람회나 주말에 운영되는 플리 마켓 등에 참여하는 방식으로 오프라인 판매에 진출하게 되었다. 이러한 과정을 통해 가지고 있는 브랜드를 홍보하는 효과가 발생되어 온라인과 오프라인의 판매가 증가되었다.

일단 매출이 소폭이기는 하지만 상승하는 방향으로 전환한 것은 이 기업의 비즈니스에 매우 중요한 전환점이 되었다.

이 전환점을 중심으로 같은 방식을 반복적으로 수행하되 좀 더 규모가 크고 기업 운영에 직접적인 도움이 되는 지원 사업에 도움을 받아서 마케팅을 확산한 결과, 현재 전체 매출이 안정적으로 성장하는 상태로 전환되었다.

코디네이션에 필요한 실행 역량

1) 새로운 성과 창출에 집중하라

프로 컨설턴트는 고객과 관련된 정보를 끊임없이 수집하고 분석하고 공유해야 한다. 프로젝트에서는 고객이 관심을 가지는 정보는 컨설턴트에게 강력한 무기가 된다. 하지만 이러한 정보는 단순한 과정을 통해 생성되지 않는다. 특히 고객의 비즈니스 성과 향상과 관련된 정보는 프로 컨설턴트의 통찰력에 의해 결정된다.

프로 컨설턴트는 고객과 정보 공유를 통해서 새로운 가치를 창출할 수 있어야 한다. 이러한 미션을 수행하기 위해 고객에게 제공해야 하는 정보가 무엇인가를 생각하고 이를 생성하는데 많은 시간을 투자해야 한다. 프로 컨설턴트는 자신의 통찰력을 활용해 분석된 정보를 가지고 고객 만남을 진행하는 것이 필요하다.

2) 고객의 기대를 명확히 하라

프로 컨설턴트가 가장 조심해야 할 것은 자신이 가지고 있는 생각을 중심으로 고객의 기대를 파악하는 것이다. 고객들은 자신의 기대를 명확하게 표현하는 것에 서툴다. 왜냐하면 고객의 비즈니스는 재무, 인적자원, 생산, 마케팅, 회계가 복잡하게 연결되어 있기 때문이다. 이렇게 복잡한 비즈니스 구조 때문에 고객은 자신의 기대를 전체적으로 표현하는 경우가 많다. 이때 대부분의 사람들은 고객이 표현하는 경영 전체에 대한 고객의 기대에 대해 자신의 전문성을 반영해서 개선의 니즈를 찾게 된다. 사람은 누구나 자기중심적인 사고를 좋아하기 때문에 새로운 상황에 접근하는 경우에는 자신의 경험과 지식 체계에 의존하게 된다.

고객은 큰 틀에서 현상을 얘기하고 상대는 자신의 전문성만을 가지고 현상을 파악하는 경우 고객의 기대와 프로 컨설턴트가 파악한 문제가 불일치하는 경우가 많이 발생한다. 그래서 많은 사람들이 경영의 모든 영역에서 문제를 해결할 수 있다는 잘못된 판단을 하게 된다.

이러한 판단의 오류에서 벗어나기 위해서는 고객의 기대를 경영의 5가지 관점으로 파악하는 것이 필요하다. 그리고 핵심은 고객의 기대가 프로 컨설턴트가 가지고 있는 경험과 지식 체계와 연관성이 있는가를 파악하는 것이다.

그리고 난 뒤에 파악된 개선의 니즈에 대해서는 반드시 자신이 가지고 있는 경험과 지식 체계의 예를 들어 고객이 이해하기 쉽게 설명해야 한다. 이러한 과정을 거쳐서 프로 컨설턴트는 고객의 전체적으로 설명하는 비즈니스의 기대 사항을 구체적인 내용으로 파악할 수 있다.

3) 최신 트렌드를 수시로 전달하라

고객의 기대가 명확해지면 이를 충족시키기 위한 경영 트렌드 파악이 필요하다. 현장의 경영 환경은 수시로 변화하기 때문에 단기간의 변화에 집중하기보다는 트렌드 파악을 통해 경영의 방향성을 잡는 것이 선행되어야 한다.

기업의 경쟁 구도는 고객을 중심으로 자사와 경쟁사의 관계에서 발생한다. 때문에 기업들은 고객과 경쟁사의 정보에 매우 민감하다. 이때 좀 더 선제적으로 시장의 트렌드를 파악할 수 있는 방법은 프로 컨설턴트가 고객의 시각을 넓혀주는 것이다.

그 방법은 고객의 시각을 3C 관점에서 5C 관점으로 확대하는 것이다. 3C가 자사와 경쟁사와 고객을 의미한다면 5C는 기존의 3C에 더해서 고객의 고객과 고객의 경쟁사를 포함한다. 트렌드는 1년 이상의 주기를 가지고 나타나기 때문에 프로 컨설턴트가 자신의 시각을 넓게 유지할 수 있으면 고객과의 코디네이션에서 많은 이점을 확보할 수 있다.

고객은 현장 중심적이기 때문에 자신의 관점을 넓히기 어렵다. 하지만 프로 컨설턴트는 직접적인 시장 경쟁에서 한발 물러서 있다. 그래서 좀 더 넓은 분야로 자신의 관점을 확대하기 용이하다. 이렇게 넓어진 관점에서 얻어진 통찰력은 수시로 고객에게 전달되어야 하는데 프로 컨설턴트가 꼭 정확하게 정제된 내용만 전달하는 것은 오히려 중요한 시점을 놓치는 위험을 만들 수도 있다.

프로 컨설턴트는 가장 최근의 트렌드와 관련하여 어떠한 일들이 시장에서 일어나고 있는지를 파악하고 그 대략적인 내용을 고객에게 빠르게 전달해야 한다. 그러기 위해서는 고객의 고객과 고객의 경쟁사에 대한 자신의 관점을 날카롭게 유지하는 것이 중요하다.

4) 문제 해결의 접근 방법을 제시하라

우리가 가지는 문제들은 충분한 시간과 비용을 가지고 있다면 모두 해결할 수 있다. 프로 컨설턴트에게 중요한 것은 고객들이 자신의 문제를 좀 더 효율적으로 해결하여 비즈니스에서 더 높은 성과를 창출할 수 있도록 돕는 것이다.

문제를 효율적으로 해결하는 데는 3가지 원칙이 있다.

첫째는 문제의 크기를 판단하는 것이다. 고객이 가지고 있는 문제들은 동일한 현상이 반복적으로 발생한다는 특징을 가지고 있다. 예를 들어 회사의 매출 목표 미달성의 문제는 매월, 또는 매 분기 반복해서 나타난다. 이렇게 반복해서 나타나는 문제들의 공통점은 복잡한 구조를 가지고 있다는 것이다.

이러한 문제들을 해결하는 방법은 가설을 설정하고 그 가설을 실행하는 방식으로 진행하는데, 이와 같은 방법은 많은 시간과 노력이 필요하다. 그래서 이러한 문제 해결을 시작하기 위해서는 성과에 영향을 미치는 중요성과 시간적인 특성을 반영하는 긴급성을 분석하여 순서를 정해야 한다.

둘째는 문제 해결의 실시 여부를 판단하는 것이다. 문제를 해결하는 데에는 기대 효과와 지급 비용의 상관관계가 존재한다. 아무리 중요하고 긴급한 문제라 하더라도 그 문제가 해결됨으로써 발생하는 기대 효과에 비해 지급해야 하는 비용이 너무 크다면 문제 해결에 들어갈 수 없다. 예를 들어 회사의 매출 목표 미달성이란 문제를 해결하기 위해 들어가는 지급 비용에 생산라인과 판매망의 확대라는 대규모 투자가 필요한 경우라면 당장 이달 또는 금년의 매출 목표 달성을 위해 대규모 투자를 하는 것은 쉽지 않다. 이러한 경우 조직은 그 문제를 시간을 가지고 해결할 수밖에 없다.

셋째로 문제 해결 방법을 결정하는 것이다. 복잡한 구조의 문제 해결에는 문제 정의, 원인 파악, 해결안 도출, 실행안 도출, 실행 및 피드백의 단계를 거친다.

이때 프로 컨설턴트는 해결안 도출의 단계에서 기존의 방식과 다른 각도의 해결안이 도출될 수 있도록 지도해야 한다. 기업의 내부에는 관성이 존재한다. 즉 같은 일을 같은 시기에 같은 방식으로 진행하려고 하는 것이다. 이러한 방식으로 해결안 도출에 접근해서 효율적인 성과를 기대하기 어렵다. 프로 컨설턴트는 내부의 의견을 수렴한 다음에 자신이 가지고 있는 경험과 지식 체계를 반영해서 새로운 해결안 도출을 유도함으로써 효율적인 해결안을 도출하는데 중심적인 역할을 해야 한다.

고객이 자신의 비즈니스에서 새로운 가치와 더 높은 성과를 창출하는데 우선 고려해야 할 부분은 기존의 조직 내부에 있는 문제들을 어떻게 해결하는지에 대한 부분이다. 기존의 문제를 해결할 수 있다면 그것을 동력으로 새로운 방식들을 내부에 도입할 수 있는 기회를 가질 수 있다.

프로 컨설턴트는 우선 내부의 문제를 해결함으로써 고객과의 신뢰를 구축한 다음에 비즈니스에 새로운 방법론의 도입을 제시할 수 있어야 한다.

5) 트렌드를 반영한 성공 사례를 공유하라

코디네이션에서 고객에게 성공 사례를 공유하는 것은 중요한 컨설팅 방법이다. 가장 좋은 사례의 공유는 프로 컨설턴트 자신이 직접 경험한 사례를 전달하는 것이다. 프로 컨설턴트가 직접 경험한 성공 사례의 경우에는 상당한 디테일을 공유할 수 있어 사례에 대한 고객의 이해를 높일 수 있다. 또 이를 제시하는 프로 컨설턴트도 자신의 사례에 대해 확신을 가질 수 있다. 하지만 프로 컨설턴트가 진행하는 컨설팅의 대부분은 동일한 영역 안에서 다양한 분야에 걸쳐 수행하기 때문에 직접 경험한 사례를 적용하는 것이 쉽지 않다.

프로 컨설턴트가 직접 경험하지 않은 성공 사례의 공유는 동업종과 이 업종의 성공 사례로 나눌 수 있다. 여기서 우선적으로 검토해야 하는 것은 고객과 같은 업종의 성공 사례이다.

동 업종의 사례는 쉽게 고객의 공감들 끌어낼 수 있고 또 고객이 고민하고 있는 부분에 대한 해결 방법을 찾기도 쉽다. 하지만 단점은 동 업종 사례에 국한할 경우에는 우수한 사례의 발굴이 쉽지 않고 업계의 관행이 그대로 나타날 수도 있다는 점이다.

이 업종 성공 사례의 경우에는 고객에게 제공하는 현실성은 좀 부족하지만 사안별로 좀 더 풍부한 통찰력을 고객에게 제공할 수 있다는 장점을 가지고 있다.

이때 컨설턴트는 고객이 관심을 가지고 있는 부분과 다른 산업에서 진행된 사례와의 연결 고리를 잡는 것이 중요하다. 이 연결 고리가 명확하면 오히려 고객에게 새로운 아이디어나 방법론을 더 강력하게 어필할 수 있다.

프로 컨설턴트가 직접 경험한 사례나 고객과 같은 업종의 사례가 아니면 고객에게 좀 더 많은 통찰력을 제공할 수 있는 사례를 발굴하는 것은 많은 시간과 노력을 투자해야 하는 부분이다. 만약 너무 오래된 사례를 제시하거나 고객이 알고 있는 사례를 제시한다면 오히려 고객과의 신뢰를 떨어뜨릴 수 있기 때문에 사례 발굴에는 그만큼 더 신중해야 한다.

프로 컨설턴트는 항상 자신의 컨설팅 영역에 관련된 비즈니스 사례를 수집하고 정리하는데 부지런해야 한다. 자신의 분야에서 최신의 트렌드를 반영한 관련 사례들을 잘 정리해서 가지고 있다면 고객과 코디네이션을 통해 새로운 시너지를 창출할 수 있는 아주 유리한 조건을 갖추고 있는 것이다.

코디네이션의 Do & Don't 사례

1) 최신 트렌드를 공유하였는가

기업이 최신 트렌드와 관련된 정보를 파악하는 것은 사람이 매일 식사를 통해 에너지를 만드는 일과 비교할 수 있다. 기업은 시장에서 계속해서 생성되는 데이터를 수집하고 분석하여 정보를 생성하고 이렇게 생성된 정보를 중심으로 산업의 트렌드를 파악할 수 있어야 한다.

기업에게 최신의 산업 트렌드를 공유하는 것은 프로 컨설턴트의 코디네이션 활동에서 필수적이다. 보통 기업의 정보는 내부에서 파악할 수 있는 정보와 외부에서 파악할 수 있는 정보로 나누어진다. 이것은 미시적 관점이나 거시적 관점과도 연관성이 있는데 프로 컨설턴트가 집중해야 하는 부분은 거시적인 관점의 정보다. 산업 전체에서 어떠한 변화가 발생하고 있는가 하는 부분에 대한 정보는 기업 내부에서 파악하는데 어려움이 있기 때문이다.

프로 컨설턴트는 자신의 경험과 지식 체계를 통해 관련 시장의 산업 동향을 파악하고 그 구조 내에서 향후의 트렌드에 대한 전망을 제공하여 고객이 새로운 영감을 얻을 수 있도록 지원해야 한다. 그래야만 고객은 중장기적인 관점에서 자신의 비즈니스에 대한 전략을 수립하고 새로운 가치를 창출하기 위한 노력을 배가할 수 있다.

프로 컨설턴트가 기업 내부에 세부적인 의사 결정에 참여하는 것은 지양해야 한다. 프로젝트가 진행될 때에는 프로세스 전문가의 역할이 있고 내용 전문가의 역할이 있다. 여기에서 프로세스 전문가는 외부에서 기업을 지원하는 프로 컨설턴트의 역할을 의미하고 내용 전문가는 사내에서 관련 업무를 처리하는 직원들의 역할을 의미한다.

프로젝트가 성공하기 위해서는 이 두 가지의 역할이 충실하게 이루어져야 한다. 이때 내부 직원들이 프로세스 전문가가 해야 하는 일을 수행하는데 한계가 있는 것처럼 기업의 외부에서 활동하는 프로 컨설턴트도 내부의 세부적인 일들을 내부 직원들 이상으로 파악하기는 어렵다.

하지만 기업에서는 종종 아주 세세한 부분까지 프로 컨설턴트의 판단을 요구하거나 존중하는 경우가 있다. 이런 경우에는 아무래도 고객과 프로 컨설턴트의 전문성이 결여될 수 있는 부분이 많기 때문에 오히려 상호 간의 신뢰를 감소시키는 결과를 가져오기도 한다.

그래서 프로 컨설턴트는 내부의 세세한 부분에 대해 결정이 필요한 경우에는 우선적으로 내부 내용 전문가와 같이 협업을 통해 좀 더 나은 결과를 도출할 수 있도록 해야 한다. 이때 프로 컨설턴트의 역할은 내부 전문가들과 같이 협력하여 새로운 결과를 도출할 수 있도록 관련 프로세스를 제공하는 것이다. 그리고 그 프로세스가 잘 진행될 수 있도록 조정과 합의를 통해서 내부에서 새로운 결과를 도출할 수 있도록 하는 역할이 필요하다.

2) 코디네이션의 기대감이 상승하고 있는가

코디네이션은 고객과 프로 컨설턴트가 서로의 의견 교환을 통해서 좀 더 높은 수준의 시너지를 만들어 내는 것이다. 어떤 일에서 생각에 대한 질적 수준을 높이기 위해서는 그 생각의 범위가 일정한 수준으로 넓어져야 한다. 이를 위해 필요한 것이 나의 생각과 다른 사람의 생각을 코디네이션 하는 것이다.

프로 컨설턴트가 고객과 코디네이션을 통해 시너지를 창출하려면 우선 고객의 생각에 대한 세부적인 이해가 필요하다. 그러기 위해 고객의 생각에 집중하면서 그와 연관 있는 자신의 생각을 하나씩 고객에게 설명할 수 있어야 한다. 또 이 과정에서 고객이 자신의 생각을 일정한 수준으로 확대하고 있는지를 점검할 수 있어야 한다.

코디네이션의 단계는 단기간에 시너지가 생성되기도 하지만 때로는 아주 긴 시간을 필요로 하는 경우도 있다. 때문에 프로 컨설턴트는 고객에게 코디네이션을 통해 고객의 생각 수준이 넓어지고 있으며 이러한 상태를 지속할 경우에 고객의 생각이 어떠한 수준으로 발전할 수 있는지에 대해 제시해 주어야 한다.

그래야만 고객은 지금 당장은 생각의 변화를 느끼지 못해도 조금씩 생각의 영역이 확장되고 있으며 일정한 시점이 되면 더 많은 시너지가 창출될 수 있다고 믿게 된다. 그리고 그에 대한 기대감을 가지고 코디네이션에 더 적극적으로 참여하게 된다.

프로젝트를 진행하면서 프로 컨설턴트가 유지해야 하는 부분은 평상심이다. 특히 코디네이션의 단계에서는 프로 컨설턴트 혼자서 일을 진행하는 것이 아니라 고객과 함께 시너지를 창출하는 것이다. 이러한 작업의 특성은 개인이 생각한 수준만큼의 결과가 쉽게 발생하지 않는다는 것이다.

어떤 경우에는 단기간에 폭발적인 결과가 발생하기도 하지만 많은 경우에 프로 컨설턴트가 생각한 수준의 결과물이 발생하지 않는다. 그 이유는 프로 컨설턴트가 고객의 생각까지를 명확하게 예측할 수 없기 때문에 발생하는 당연한 현상이다. 이때 프로 컨설턴트가 당황하거나 조급해 하는 모습을 보이는 경우에 고객은 프로 컨설턴트에 대한 기대감이 줄어들게 된다.

코디네이션에서 중요한 시너지는 상호 간의 기대감이다. 코디네이션은 아주 사소한 작업에서 시작하지만 단계를 진행하면서 좀 더 빠르게 변화를 발생시킨다. 또 이러한 변화로 인해 서로 간 시너지가 발생하여 지금은 생각하지 못했던 부분까지로 확대될 수 있다는 것을 믿는 것이 필요하다.

이러한 믿음은 고객이 주도하는 것이 아니라 프로 컨설턴트가 주도해야 한다. 그런데 자신이 먼저 초조해하거나 다급해 하는 모습을 보이게 되면 고객에게 부정적인 영향을 준다. 그래서 어떠한 경우에도 프로 컨설턴트는 코디네이션을 진행하면서 고객에게 부정적인 메시지를 제공해서는 안 된다.

컨트롤로 쪼개어 답을 얻는다

야구 경기에서 투수가 공을 던질 때 제구력이 좋다, 컨트롤을 잘한다라고 표현한다. 즉 자신이 마음먹은 대로 공을 던지는 것처럼 잘 제어하는 것을 컨트롤이라고 한다. 이처럼 컨트롤은 '통제하고 조절하는 일'을 말한다.

컨트롤의 정의와 목적

프로 컨설턴트의 식스모델 중 5번째 스텝인 컨트롤의 정의는 컨설턴트가 자신의 경험을 바탕으로 고객을 지원하거나, 고객이 자신의 일을 체계적으로 실행할 수 있도록 돕는 것이다. 프로 컨설턴트가 컨트롤을 실행하는 목적은 고객이 자신의 비즈니스를 현재 수준보다 더 나은 이상적인 지점으로 발전시키도록 지원하는 것이다.

프로 컨설턴트는 프로젝트를 통해서 고객의 경영 프로세스 구축, 중점 선행 지표 설정, 가시화 관리를 통해서 경영의 성과에 직접적인 영향을 미친다. 이 3가지 활동을 순서대로 진행하는 경우 상호 간 시너지가 발생한다.

먼저 기업의 경영활동을 효율적으로 추진할 수 있는 경영 프로세스를 설정하고 각 단계를 진행하는데 성과와 직접적인 관련이 있는 내용을 중심으로 중점 선행지표를 설정해야 한다. 이렇게 설정이 된 다음에는 이러한 행동을 지속적으로 할 수 있도록 모두가 공유하고 눈으로 보면서 관리할 수 있는 가시화 관리를 구축해야 한다.

컨트롤을 실행하는 경우에 컨설턴트가 신중을 기해야 하는 것은 자발적인 참여를 유도하는 것이다. 기업의 특성상 성과와 관련된 내용들을 매우 민감한 성격을 가진다. 대표에게는 손익과 직접적인 관련이 있으며 구성원들에게도 평가나 수입하고 연결되기 때문이다.

컨설턴트가 컨트롤을 통해서 기업의 성과향상을 추진할 경우에는 우선적으로 조직의 마인드 변화를 유도하는 것이 필요하다. 지금의 경영현황을 모두에게 공유하여 현재의 상태에서 개선이 필요하다는 것에 대한 전체적인 공감을 이끌어 내야 한다. 이러한 활동은 외부에서 참여하는 컨설턴트가 직접 관여하는 것보다 조직 내부에서 신뢰를 받는 사람들이 힘을 빌려서 하는 것이 효과적이다.

가장 좋은 방법은 조직 자체적으로 경영 성과 개선에 대한 확실한 마인드의 변화를 이끌어 내는 것이다. 하지만 구성원들이 자발적으로 이러한 결심을 하는 것이 어려운 경우에는 대표의 힘을 빌려서 왜 변화가 필요한지를 설명하게 하는 것도 하나의 방법이다. 이러한 마인드의 변화가 선행되지 않으면 새로운 성과를 창출하기 위한 노력을 지속하기가 어렵다.

조직의 마인드 변화가 선행된 다음에는 이번 컨설팅의 통해서 우리가 얻고자 하는 목표를 명확하게 설정하고 그 목표를 달성하기 위한 프로세스를 구축한다. 이렇게 구축한 프로세스를 중심으로 성과와 연결된 중점 선행 지표와 그 선행 지표에 영향을 주는 행동 지표를 설정한 다음에 지속적으로 실행할 수 있는 가시화 관리가 설정되면 최적이다.

컨설팅을 통한 프로세스 구축

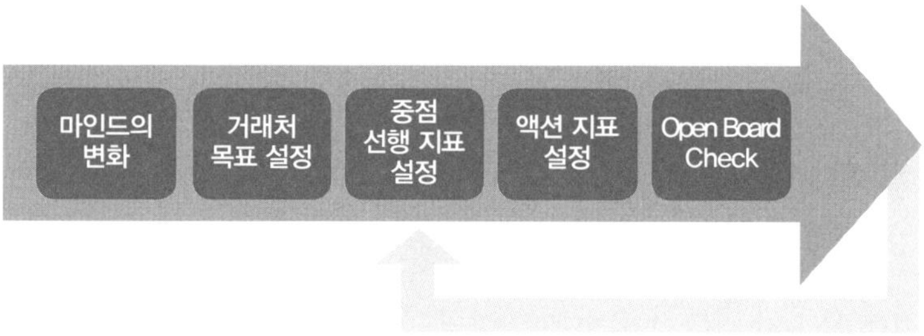

우리는 다음의 사례를 통해 컨트롤이 성과 창출에 어떠한 영향을 끼치는지 알 수 있다.

대리점 경영혁신 컨설팅 사례

1) 대리점 체질을 바꾸는 컨설팅

다음은 컨설팅 후 A 대표가 직접 말했던 것을 글로 재구성한 것이다. 이를 통해 고객사의 입장에서 컨설팅을 어떻게 받아들이는지 알 수 있다.

"컨설팅을 받으며 지난 4개월이라는 시간을 되돌아보면 상당히 짧았던 것 같으면서도, 기업의 경영 전반에 대해 많은 생각을 할 수 있었던 계기가 된 것 같습니다. 컨설팅을 받는다는 것 자체에 대해 처음에는 부담스럽고, 오히려 시간만 뺏기는 것이 아닐까 생각을 하였지만, 시간이 지날수록 컨설팅이 꼭 필요한 것이라고 느낄 수가 있었습니다.

보통 불경기 상황을 '잃어버린 10년'이라고 묘사를 많이 합니다. 우리에게도 지난 10여 년은 매출이 늘어나지 않고 제자리걸음을 반복하는 상황이었습니다. 그렇다고 해서 마냥 경기가 좋아지기를 기다릴 수는 없는 상황이었습니다. 다양한 색깔을 가진 영업직원들의 육성과 패배감에 빠져 있는 영업 분위기를 바꾸기 위해 모두의 변화가 요구되는 상황이었습니다.

'우리가 가진 문제점이 뭘까?'에서 출발을 하였으며, 새롭게 호흡할 수 있는 무엇인가를 필요로 하는 시점이었습니다. 그래서 우리는 새로운 기본을 추구하는 기업이 되고자 하였습니다. 지난 4개월의 노력에도 불구하고 아직까지는 많이 미흡하고, 가시적인 성과도 나오지 않고 있습니다. 하지만 컨설팅을 통해 영업조직이 체득한 혁신활동이 지속적으로 체질화된다면, 성과는 점진적으로 개선될 것이라 확신합니다."

A 대표의 자동차 대리점 구성원들은 필자의 컨설팅을 상당히 긍정적으로 받아들이고 제안을 그대로 이행해고자 노력했었다.

영업 실적 부진의 악순환 고리

보통 고객사들은 필자에게 컨설팅을 의뢰하기 전, 내부적으로 충분히 고민을 한다. 그렇게 고민하고 노력해봐도 나아지지 않을 때 한계를 깨닫고 필자와 같은 프로 컨설턴트에게 의뢰를 한다. A 대표 역시 마찬가지였다.

"우리의 문제가 무엇일까 고민을 해보니 많은 문제점들이 있었지만, 영업직원들의 이탈이 많은 부분 주요하게 작용을 하였습니다. 영업직원들은 왜 이탈하는지를 살펴보니 관리하는 고객 수의 감소로 인한 낮은 수수료로 타 업종으로 이직하는 경우가 많았습니다.

또한 영업직원들 간 소통도 잘 이루어지지 않았고 전시장 고객에게만 의존하거나 목적 없이 현장으로 나가는 경우가 많았습니다. 그러다 보니 고객과의 만남 횟수나 상담 역량은 떨어지고, 이탈하는 경우도 많이 생기게 되었습니다.

우리가 악순환의 고리를 끊기 위해서는 자발적인 영업직원들의 활동과 영업 분위기 쇄신이 필요하였습니다. 우리는 영업의 기본을 정립하기 위해 이번 컨설팅을 통해 3가지 활동을 시행하였습니다. 중점 선행지표를 통한 선행 관리, 세일즈 프로세스에 의한 체계적인 고객 관리, 가시화 활동입니다."

2) 조직을 혁신하는 선행 관리

자동차 영업의 궁극적인 목표는 '차량 계약'이다. A 대표가 운영하는 대리점의 경우 영업직원들이 조회 후 밖으로 나가 고객도 만나고, 이벤트도 실시했지만 결과는 동일하지가 않았다. 그래서 판매점은 필자가 제안한 내용을 바탕으로 그들만의 중점 선행 지표와 행동 지표를 수립하였다.

컨설팅을 시작하면서 진행한 영업 역량 진단 결과에서 그들은 선행 관리와 사전 실행관리 역량 점수가 상당히 낮게 나온 편이었다.

그들은 스스로 고민했다. 많은 활동 중에서 자동차 영업과 직결되는 중점 선행 지표와 행동 지표는 무엇일까. 결론은 영업사원 개인별로 실행 목표를 정하여 검증하는 활동을 진행하는 것이었다. 그 결과 일부 성과와 연결되는 활동들도 찾을 수가 있었으며, 아직은 성과와의 연결은 미비한 활동들도 있었다. 하지만 점점 더 영업 활동의 양을 늘리면서 성과 검증을 지속적으로 하고 있다.

이러한 활동은 한 번 성과가 좋았다고 해서 끝나는 것이 아니라, 지속적인 성과와 연결될 수 있도록 실행하고, 실행 결과에 대해서는 대표가 함께 검증하고 지원해 줌으로써 더 나은 활동이 될 수 있을 것으로 생각한다.

다음으로 고객의 구매 심리 최종 단계인 '만족'으로 유도하기 위해 구매 심리 스텝의 단계별로 영업직원들이 할 수 있는 액션이 무엇일까를 고민하고, 구체적인 실행 액션까지 수립하였다. 마찬가지로 이러한 액션이 고객의 만족을 위한 액션인지는 지속적으로 검증하고, 그들만의 차별적인 액션을 지속적으로 발굴하도록 컨설팅하였다.

마지막으로 선행 관리 부분에서는 판매 대수만 관리하는 것이 아니라 영업직원들이 찾아갈 수 있는 고객이나 현장이 있도록 함께 고민하고 대안을 제시하도록 하였다. 그 결과 구성원들은 단지 결과만 관리하는 것이 아니라 영업 과정을 함께 관리하는 것이 중요하다는 것을 느끼게 되었다.

3) 프로세스에 의한 혁신적인 고객 관리

컨설팅 이전의 A 대표는 영업직원들의 월별 판매 대수만을 관리했다. 영업직원들이 고객을 얼마나 만나서 계약이 어떻게 이루어지며, 향후 남은 기간 동안 계약이 얼마나 이루어질지에 대한 예측은 어려운 부분이었다. 그러나 이런 '감'에 의존하는 영업이 아닌 체계적인 세일즈 프로세스를 구축하여 활용함으로써 '과학적인 영업을 할 수 있겠구나라는 생각이 들도록 하여 정말 그들에게 필요한 부분이라는 것을 느끼도록 하였다.

영업직원들은 지금까지와는 다른 방식의 접근에 거부감을 느끼는 경우도 많았으나, 조금씩 마음의 문을 열고 활용하는 모습들을 보였다. 그들은 초기 적응하는 데 있어 다소 시간이 많이 소요되었지만, 다시 시작한다는 마음으로 컨설팅 내용을 지속적으로 시행하고 있다.

4) 경영 활동의 가시화 운영

A 대표는 컨설팅 이전 조회 시에는 영업직원들에게 영업 정책과 정보 및 시황을 전달하는 위주로 진행하였다. 이때 영업직원

들 간의 우수 사례에 대한 공유는 전혀 이루어지지 않았고, 팀 단위의 활동보다는 개인 위주의 활동이 주를 이루고 있었다.

필자는 일단 세일즈 프로세스를 가시화했고, 조회 시마다 영업직원 한 명씩 돌아가면서 본인들의 우수 사례 발표를 시켰다. 그러자 영업사원들은 본인들의 노하우 공개를 꺼리며 부담스러워하는 경우가 많았다. 그렇다 하더라도 필자는 매일 이러한 부분을 진행을 해야 한다고 하였다. 필자의 강력한 제안에도 영업사원들은 필자가 코칭을 하는 날이 아니면 영 발표를 하지 않는 날이 더 많았다. 이럴 때는 대표가 적극적으로 영업직원들이 서로 공유하는 문화를 만들 수 있는 분위기를 조성해야 하는데, 바쁘다는 이유로 생략하는 날이 많은 것 같았다.

그럼에도 꾸준히 발표를 독려하자 작은 성과라도 발표할 수 있도록 하고 서로 격려하는 문화가 조성되었고 영업직원들은 자신감을 갖고 조금씩 발표하게 되었다. 그리고 이런 발표를 통해 성취감을 맛볼 수 있도록 포상 등을 실행하고 있다.

5) 대리점 컨설팅의 가장 큰 성과

4개월 동안 여러 가지 컨설팅의 프로세스를 통해 자동차 대리점이었던 고객사는 큰 변화를 겪었다. A 대표 입을 통해 가장 큰 성과가 무엇이었는지 들어보자.

"우리는 짧은 4개월 동안 정말 많은 것을 생각하고, 많은 것을 얻을 수 있는 계기를 마련하였습니다. 어떻게 보면 이러한 활동이 당연히 해야 되는 기본적인 것이지만, 지금껏 놓치고 급급한 일에만 매달려 왔던 것 같습니다.

이제는 우리만의 새로운 기본인 영업 프로세스를 활용한 과학적 관리, 선행 관리 체계 구축, 오픈 보이스를 활용한 가시화 운영을 철저하게 실행하고 있습니다.

영업 혁신 컨설팅이 우리의 기본을 만들었습니다. 기본에 대한 인식의 변화가 가장 큰 경쟁력이 된 것 같습니다. 이러한 기본으로 우리는 이제 악순환의 고리가 아닌 선순환의 고리를 만들고자 합니다.

새로 운동을 시작하면 근육이 아프고, 하기가 싫어집니다. 하지만 계속 운동을 하면 체력이 됩니다. 우리는 영업조직의 혁신을 통해 체력을 키우고자 합니다. 아직은 미약하지만 이번을 계기로 꼭 성과를 만들어 내는 판매점이 되겠습니다. 우리 판매점의 미래와 영업직원들의 미래를 위해 새로운 도약을 하도록 하겠습니다."

컨트롤에 필요한 실행 역량

1) 실행할 것을 구체적으로 전달하라

경영에서 성과를 창출하기 위해서는 2가지의 큰 축이 필요하다. 하나는 외부 전문가인 컨설턴트에 의해 성과 창출의 프로세스를 제시하는 것이고 나머지 하나는 내부의 내용 전문가들의 실행이 담보되어야 하는 것이다.

고객의 비즈니스는 매일 실행하는 과정들이 모여 하나의 결과가 되므로 가장 중요한 것은 결과가 아니라 과정이다. 따라서 컨설턴트는 고객이 실행해야 하는 것들을 고객에게 구체적으로 제시하고, 고객이 실행해야만 하는 것에 대한 이유를 충분히 설명하여 고객의 동의를 이끌어 내야 한다. 이러한 과정을 거치지 않으면 조직이 가지는 3가지 특성인 쉽게 잊어버리고, 싫증 내고, 편안함을 추구하는 특성 때문에 지속적인 실행이 어렵다.

2) 꼼꼼한 모니터링을 하라

고객이 해야 하는 일을 일정한 규모의 단계로 먼저 구분하여 각각의 단계에서 세부적인 액션들을 다시 구분하는 과정을 거쳐 고객이 꼭 실행해야 하는 것에 대해서 컨설턴트가 누락 없이 체크하고 있어야 한다. 이때 컨설턴트는 설정된 프로세스를 중심으로 성과에 직접적인 영향을 주는 중점 선행 지표를 관리해야 한다. 중점 선행지표는 성과를 선행하기 때문에 고객들의 활동을 모니터링하면 성과 창출의 여부를 판단할 수 있게 된다.

3) 액션에 대한 효과의 유무를 검증하라

고객과 합의하에 성과와 연결되어 있는 액션에 대한 세부적인 실행 계획을 설정하고, 그 액션들을 지속적으로 실행할 수 있는 가시화 관리를 진행하면 고객의 실행 여부가 좀 더 명확해진다. 이러한 과정을 고객들에게 정기적으로 공지함으로써 실행 동기가 지속될 수 있도록 하는 것이 필요하다. 고객의 환경은 지속적으로 변화하기 때문에 실행에 합의된 내용들도 컨설턴트가 진행 여부를 판단하고 실행 주체를 정기적으로 동기부여하지 못하면 그 실행 동력이 점차로 약해지게 된다.

4) 고객이 실행하는 부분을 적극적으로 지원하라

고객들은 항상 자신들이 하는 일에 대한 의구심을 품고 있으므로 컨설턴트는 자신의 성공적인 경험이나 타사의 예시를 제시하고 공유함으로써 고객의 의구심에 대한 걱정을 줄일 수 있다. 누구나 자신이 하는 일이 명확하게 개선되고 있다고 생각하면 좀 더 많은 것들을 추진하게 된다.

컨설턴트가 고객에게 우수 사례를 많이 제공하는 경우에 고객들은 자신의 활동에 더욱 자신감을 가지게 되고 이로 인해 성과의 크기가 더욱 커지게 된다.

5) 실행에 대한 진척 사항을 수시로 파악하라

컨설턴트는 고객이 비즈니스에서 실행하는 일의 전체에 대한 진척사항을 수시로 파악하고 그 결과를 피드백 해야 한다. 이를 통해서 고객이 실행할 때 예상되는 결과를 예측할 수 있고 때에 따라서는 고객의 실행에 대한 방향의 전환이나 특정한 부분의 보완을 요청할 수 있다. 이러한 과정을 통해 고객은 자신의 활동에 더욱 신중을 기하게 된다. 컨설턴트가 컨트롤을 잘 활용해야만 고객이 자신의 비즈니스를 현재의 수준보다 더 나은 이상적인 지점으로 발전시킬 수 있다.

컨트롤의 Do & Don't 사례

1) 고객사의 모니터링이 적절했다고 판단하는가

고객의 비즈니스에서 중요한 것은 결과보다는 과정이라는 생각을 한다. 물론 결과와 과정 모두가 더 좋다면 더 말할 것이 없다. 하지만 실제로 현장에서 프로젝트를 진행하다 보면 컨설턴트가 너무 결과에 집중하는 경우가 있다. 이런 경우에 프로젝트의 성과가 일시적인 효과로 제한될 수도 있기 때문에 프로 컨설턴트는 좋은 결과를 도출할 수 있는 과정에 집중해야 한다.

컨설턴트가 프로젝트를 통해 고객의 비즈니스에 좋은 과정을 만들려면 고객 비즈니스에 대한 모니터링을 지속적으로 실시해야 한다. 프로젝트와 관련이 있는 내용에 대해서는 작은 것까지도 소홀히 하지 않고 꼼꼼하게 모니터링 하고 그것을 기록으로 남기는 것이 중요하다.

컨설턴트가 단기 성과에 집착하게 되면 고객과 장기적인 관계를 유지하기 어렵다. 단기 성과에 집중한다는 것은 결국 효과성을 중요시하는 것이다. 프로젝트에서 원하는 것을 얻기 위해서는 효과성도 중요하지만 그 효과성에는 반드시 효율성이 담보되어야 한다.

특히 비즈니스 현장의 경우에 모두가 바쁘게 업무에 임하고 있고 수시로 많은 문제가 발생한다. 그럼에도 불구하고 프로젝트 관련된 이슈를 최우선적으로 처리하려고 하면 프로젝트의 목적은 달성할 수 있지만 지속적인 효과를 담보할 수 없게 된다. 그래서 컨설턴트는 항상 효과성과 효율성에 대한 판단을 할 수 있어야 한다.

2) 고객사와 믿음과 신뢰가 구축되었는가

컨설턴트가 컨트롤의 역량을 발휘하기 위해서는 고객사와 믿음과 신뢰 관계 구축이 우선되어야 한다. 아무리 어려운 프로젝트라 해도 고객사에 대한 확고한 믿음이 있고 고객사가 컨설턴트를 신뢰하고 있다면 이를 통해 엄청난 시너지를 만들어내는 경우를 너무나 많이 경험했다.

프로 컨설턴트가 진행하는 프로젝트의 대부분은 복합적인 문제를 가지고 있는 경우가 많다. 때문에 프로 컨설턴트를 이러한 문제들을 해결하고 좀 더 좋은 결과를 만들기 위해 지속적인 판단과 실행을 반복해야 한다. 이 과정에서 가장 중요한 것이 고객사와 컨설턴트 간의 믿음과 신뢰이다.

결국 어떤 조건하에서도 문제를 해결하는 것의 가장 중요한 자원은 프로젝트에 대한 고객과 컨설턴트의 믿음과 신뢰이다. 이것이 우선되지 않으면 진행하면서 수많은 시행착오를 경험할 수밖에 없다.

프로 컨설턴트는 프로젝트를 진행하면서 과거의 생각이나 툴에 의존하지 않아야 한다. 단순히 자신의 경험을 바탕으로 새로운 방법을 찾아내거나 새로운 방법이 없는 경우에는 만들어 내기도 한다. 이러한 과정은 많은 시간을 필요로 하고 어렵다. 그래서 많은 컨설턴트들이 기존에 했던 생각이나 툴에 의존하는 경우가 생긴다.

이러한 방식으로 프로젝트를 진행하게 되면 우선 고객들에게 자신의 방식을 강요할 수밖에 없게 된다. 그리고 그 방식으로 진행해서 프로젝트가 성공리에 마무리된다고 해도 프로 컨설턴트로서의 경험이 축적되지 않는다.

단순히 또 하나의 똑같은 일을 수행하는 것에 지나지 않기 때문이다. 결국 프로 컨설턴트는 자신의 경험과 지식 체계를 활용하여 지속적으로 새로운 생각과 새로운 툴을 만들어가는 것이 중요하다.

카운슬의 해결책이 무엇일까?

카운슬이라고 하면 카운슬링을 잘못 말하는 것으로 생각하기 쉽다. 그러나 식스모델에서 말하는 카운슬과 일반적으로 알려진 카운슬링은 그 의미가 다르다.

사전에서 '카운슬링(counseling)'을 찾아보면 '심리적인 문제나 고민이 있는 사람에게 실시하는 상담 활동. 상담원이 전문적인 입장에서 조언 · 지도를 하거나 공감적인 이해를 보여 심리적 상호 교류를 함으로써 상담자의 문제'라고 정의되어 있다. 지금부터 식스모델에서의 카운슬에 대해 알아보자.

카운슬의 정의와 목적

프로 컨설턴트의 식스모델 중 6스텝인 카운슬의 정의는 '고객의 비즈니스 진척 상황을 파악하고, 고객이 성과 창출 활동을 촉진시키는 방법을 선행적으로 관리할 수 있도록 설정하는 것'이다.

프로 컨설턴트가 카운슬을 실행하는 목적은 '비즈니스 성과를 창출하기 위한 활동에서 비롯되는 문제점을 고객이 스스로 파악하게 하는 것'이다. A 대표의 자동차 대리점 사례를 통해 카운슬에 대해 설명해 보겠다.

기업 경영 한계돌파 컨설팅 사례

1) 지속 성장을 만드는 세일즈 카운슬

A 대표의 자동차 대리점은 1992년부터 자동차 판매를 진행해 왔었다. 그러다 지난해에는 1월부터 운영의 어려움에 직면했다.

이때 A 대표는 영업점의 경영 개선을 위해 밤낮으로 고민하던 중 실행 컨설팅을 제안받았다. 처음에는 컨설팅의 제안을 매우 부담스럽게 느꼈지만, 한편으로는 오히려 좋은 기회가 될 것이라는 생각도 했다.

그들에게는 변화가 필요했다. 이제 새로운 영업점으로의 도약이 필요한 시점이 된 것이다. 하지만 틈이 보이지 않는 자동차 업계 시장, 어떻게 자동차를 팔아야 할지 A 대표는 까마득했다고 했다. 그들은 열악한 시장이지만 이를 극복하고 영업직원에게는 최고의 자부심을, 고객들에게는 최고의 서비스와 최고의 감동 전달이 필요했다.

2) 과학적인 경영 프로세스 관리

A 대표는 자동차 영업점을 운영하면서 영업직원들을 잘 관리한다고 생각하였지만, 컨설팅을 진행하며 지난 20여 년간의 영업 형태를 되돌아보니 그가 가지고 있는 '감'에 의한 관리가 많았다는 것을 깨달았다. 즉, 이번 달 계약이 몇 대이고 출고가 몇 대인지 위주의 관리였지, 영업직원들의 활동에 대한 관리는 구체적으로 이루어지지 않았던 것이다.

물론 자동차 영업에도 매뉴얼화 된 단계가 있다. '환영-상담-설명-중고차 처리-구매 결정-차량 인도-사후 관리'가 그것인데 영업 활동을 하고는 있지만, 영업직원별로 활동이 달라 전체 현황을 관리하는 데 있어서 어려움이 있었다.

이 영업점은 실행을 하면서 영업직원들의 요청을 수렴하여 조금 더 쉽고 재미나게 활용하기 위해 기존의 프로세스를 간소화하여 '고객 발굴-고객 상담-구매계약-관리 활동'이라는 4단계로 축소하였다. 그리고 영업직원별로 색상과 모양을 달리한 자석 오픈 보드를 제작하여 활용하기 시작했다.

처음에는 영업직원들이 안 해보던 방식이라 귀찮아했지만 조금씩 해보면서 나의 고객이 얼마나 있으며, 몇 단계에 있는지도 한눈에 알 수 있었다. 또한 동시에 동료들과 비교할 수 있어서 경쟁심도 유발할 수 있었다. 무엇보다 중요한 부분은 현재 몇 대를 계약했는지도 중요하지만, 가망 고객과 상담 고객 수를 확인함으로써 향후 몇 대를 팔 수 있을 것이라는 것도 예측을 할 수 있다는 점도 중요했다.

그들은 필자에게 컨설팅을 받으면서 세일즈 프로세스와 자신들이 미처 생각하지 못했던 고객의 구매 심리에 따라 현재 고객이 어디에 위치하고 있는지를 가시화하는 부분은 상당히 좋았던 것 같다. 고객의 최초 불안한 심리를 어떻게 안심으로 변화시키고, 신뢰와 필요성을 인지시킨 다음 최적의 조건 제시와 이번 달 구입 시의 메리트 등을 제시함으로써 최종 만족감을 고객에게 전달하는 부분은 알고는 있었지만, 실제 판매 시에는 간과하는 부분이기도 했기 때문이다.

또한 영업직원들은 각 단계별 스텝 업을 위한 다양한 활동도 전개했다. 고객과의 상담을 원활하게 하고 초기 경계심을 제거하기 위한 액션을 설계하고 서로 벤치마킹하며 실행했다. 그 결과 지금까지도 좋은 사례는 지속적으로 공유를 하고 있다.

그리고 영업직원별 스텝 업 관리 시트를 활용하여 일자별로 내가 몇 명을 만났고, 이번 달 목표 달성을 위해서는 향후 단계별 몇 명의 고객을 만나야 하는지를 역산으로 확인할 수도 있다. 이러한 시트를 활용하면 하루에 대한 정리와 다음 날에 대한 계획 수립에도 도움이 된다.

처음에는 이러한 것을 실행한다는 자체가 영업직원들에게는 귀찮고 어렵게 느꼈지만, 곧 조금씩 적응했으며, 영업 활동에 정말 도움이 된다고 대부분 느끼는 것 같았다. 이러한 활동의 결과 A 대표의 영업점 스텝 업 실적은 한 달 만에 전체 279건에서 이번 달 328건으로 17.6%의 성장을 보였다.

마지막으로 매일 조회에서 영업직원들이 우수 사례를 공유하고, 현재 부착된 고객에 대해 자기 선언을 함으로써 오픈 보드의 가치를 증가시켰다. 이는 앞으로도 세일즈 오픈 보드를 사업장에 맞게끔 지속적으로 개선하고 소통 수단으로 이용할 수 있다.

3) 고객을 찾아가는 마케팅

이번 실행 컨설팅은 영업사원들에게 세일즈에 있어서 새로운 시각을 갖게 되었다. 전시장 방문 고객에만 의존하는 것이 아니라, 세일즈 스텝 첫 단계인 가망 고객 확보를 위해 '찾아가는 영업을 확대해 보자'는 것이다. 영업사원들은 다음과 같이 직접 실행 계획을 세워 진행했었다.

첫 번째는 고객이 많이 모이는 롯데마트와 연계해 시승행사 이벤트를 개최한다. 주말 마트에 장을 보러 오는 많은 고객들이 자동차 시승도 해보고, 만족해하며 돌아가는 모습을 보면서 비용은 많이 들었지만, 이러한 활동들로 지역 고객들에게 우리 자동차의 가치를 알릴 수가 있었고, 가망 고객을 확보하여 지속적으로 접촉한 결과 차량 판매까지도 연결된 고객도 있었다.

두 번째는 이동 영업소 운영이었다. 가망 고객이 많을 것 같은 곳에 업체와 제휴를 통해 이동 영업소를 운영하고, 시승 및 차종별 할부 상담도 했다. 이는 바로 가시적인 성과로 연결되지 않았지만 많은 고객들의 관심을 확인할 수 있었다. 또한 확보한 고객 리스트로 지속적인 영업을 하고 있다.

세 번째는 운송 종사자를 위한 영업 활동을 진행이다. 운송 종사자들의 신규 교육 장소를 사전에 파악하여 아침 일찍 방문하여 교육생들에게 판촉 활동을 전개하였다. 일부 운송 종사자들의 경우 전화를 걸어와 많은 관심을 보였으며, 이것 역시 리스트를 작성하여 공략을 진행했다.

마지막으로 고객들에게 즐거움을 주기 위해 캐릭터 인형을 활용한 홍보 활동이다. 다양한 지역 이벤트 장에 방문하여 함께 즐기고 우리 자동차를 알리며, 아기들과 기념 촬영도 해주는 활동을 전개하였으며, 출근하는 직장인들 대상으로 아침에 신바람 나는 기운을 전달하기 위해 즐겁게 아침 인사도 했다. 이렇게 찾아가는 활동들을 진행하면서 그동안 수동적인 태도를 보였던 영업직원들이 능동적으로 변하기 시작했다. 그래서 이제는 영업직원들이 가망 고객 확보를 위해 다양한 아이디어들을 스스로 이야기하고 실행을 하게 되었다.

4) 체계적인 직원 관리 시스템 구축

이번 컨설팅에서 핵심적인 부분은 체계적인 영업직원 관리였다. 아마 모든 영업점 대표들이 고민하고 있는 부분일 것이다. 이 영업점도 올해 초에 몇몇 고참 영업직원들이 이탈하고, 젊은 영업직원들이 많이 들어온 상태였다. 기존의 영업직원들과 신규 영업직원들을 어떻게 융합시키고, 사업장의 분위기를 어떻게 만들어 나가야 할 지가 가장 큰 고민이었다.

우선 세일즈 프로세스 오픈 보드와 병행하여 계약 및 출고 목표에 대한 관리를 인접 영업점과 비교하여 관리하고 있으며, 중요한 전달 사항에 대해서는 현황판에 기록하고 전달함으로써 함께 공유한다. 그리고 대표는 실행 활동에서 진행하고 있는 스텝업 시트를 응용하여, 매주 월요일 아침 영업직원별 가망 고객 시트를 작성하도록 하여 이번 주에 영업직원들이 어디에서 어떠한 활동을 할지에 대한 계획을 받고 있다.

단지 결과만을 위한 관리가 아니라, 영업직원 스스로 자동차 판매를 위한 과정을 수립하도록 하고, 함께 고민해서 더 좋은 아이디어로 발전할 수 있도록 지원하고 있다. 그리고 잘하는 영업직원에게는 격려를 해주고, 부진자에 대해서는 지속적으로 상담을 실시해서 원인과 해결안을 함께 만들고 있다. 또한 영업직원별 성향이나 경력 등을 고려하여 영업의 양과 질에 대한 관리도 하고 있다. 영업직원 스스로 판촉 활동 계획서를 수립하고 대표와 협의한 후에 실행하도록 했다. 그리고 그 결과에 대해서도 대표와 함께 검토를 진행하여 발전시켜 나가도록 했다.

영업점은 직원들이 개인플레이를 하는 것이 아니라 함께 성공할 수 있는 직원들로 육성하기 위해 주간 단위로 우수 사례 공유회를 진행했다. 처음에는 구두로서만 이야기하던 부분이 이제는 관련 사진과 사례 등을 파워포인트로 만들어 본인들의 우수 사례를 알리면서 직원 스스로 자신감이 충만해지는 모습들도 볼 수 있다.

5) 부진 극복 컨설팅의 가장 큰 성과

영업점에서는 필자의 컨설팅을 진행하는 동안 정말 많은 것을 생각하고, 얻게 된 계기가 되었다고 했다. 그리고 실제로 자동차의 판매 실적은 전년 동 기간의 99대 판매 대비 올해 동기에 109

대 판매로 성장하였다. 또 매월 자동차의 판매 대수가 상승하는 구조로 전환되었다.

하지만 이 영업점은 현재에 만족하지 않고 어떠한 고객도 놓치지 않는 치열한 승부 근성으로 올해 국내 최고의 자동차 영업점이 된다는 목표를 가지고 있다.

이제는 생존에 대한 절실함으로 무장하여 부진한 자동차 영업점이 아니라 국내 최고의 자동차 영업점으로 도약하고 있다. 우리 영업점은 컨설팅을 통해 향후 지속적으로 개선 활동을 추진하여 성장할 수 있는 영업점이 되었다.

카운슬에 필요한 실행 역량

1) 고객이 고민하는 문제에 공감하라

비즈니스 현장에는 많은 기회와 위협이 상존한다. 고객은 수시로 변하는 경영 환경에서 기회를 정확하게 포착하여 공격적인 전략으로 높은 성과를 창출하거나 반대로 시장의 위협에 빠르게 대응하여 그 영향을 최소화시키는 활동이 필요하다. 하지만 10년 이상 같은 비즈니스를 운영한 베테랑 경영자라도 이러한 역량을 발휘하기는 쉽지 않다.

프로 컨설턴트는 비즈니스 현장의 기회와 위협을 빠르게 판단하고, 정확한 분석을 통해 상황을 단순화할 수 있어야 한다. 축구 경기의 경우 그라운드에서 플레이를 하는 선수들은 경기장 안에서 상황을 판단하기 때문에 빠르게 대응할 수 있지만 전체적인 상황 판단은 힘들다. 이때 전체적인 상황을 판단하여 기회를 강화시키고 위기를 돌파할 수 있는 전략의 결정을 내리는 것은 경기장 밖에 있는 감독의 역할이다. 프로 컨설턴트는 축구 경기장의 감독과 같은 역할을 해야 한다.

감독이 그라운드의 상황을 빠르게 파악하고 정확한 전략과 전술을 전달하는 것처럼, 프로 컨설턴트는 비즈니스의 상황을 정확하게 판단하여 고객에게 전략과 전술을 빠르게 지원할 수 있어야 한다.

이러한 전략과 전술이 고객에게 빠르게 전달되고 이를 통해 높은 수준의 성과를 창출하기 위해서는 고객과 높은 수준의 공감이 필요하다. 이것은 선수와 감독이 그라운드에서 같이 호흡을 맞추는 것과 같다. 고객과 프로 컨설턴트의 공감 수준이 높을수록 현장 대응은 즉각적이고 효과적이다.

고객과 높은 수준의 공감을 유지하기 위해 프로 컨설턴트는 항상 고객의 수준에서 비즈니스 상황을 파악하려는 노력을 해야 한다. 즉 감독이 선수의 입장에서 작전을 지시하는 것과 같이 프로 컨설턴트가 자신의 입장이 아닌 고객의 입장이 될 수 있을 때 비즈니스 상황을 좀 더 객관적으로 파악할 수 있다.

이러한 고객 중심의 상황 판단과 프로 컨설턴트가 가지고 있는 전문가적인 역량이 합쳐지면 그 상황에 대한 신속하고 정확한 판단을 내릴 수 있다. 이러한 판단이 되어야만 고객이 공감할 수 있고 현장에서 성과를 창출할 수 있다.

2) 기회와 위협에 대한 자문을 요청받아라

고객의 입장에서 보면 매우 까다롭고 어려운 상황이 프로 컨설턴트의 입장에서는 간단하게 해결할 수 있는 경우가 많다. 이것은 비즈니스의 환경에서 권한과 책임을 가지고 일을 추진하는 것에 대한 부담의 문제일 수도 있다.

비즈니스에서는 아주 단순한 일도 복잡한 절차와 관행에 따라 반복하는 경우가 많다. 하지만 그 비즈니스를 조망하고 해결책을 모색하는 프로 컨설턴트의 입장에서 보면 이러한 문제를 단순하고 명쾌하게 해결할 수 있는 통찰력을 가질 수 있다.

고객과 프로 컨설턴트는 비즈니스를 바라보는 시각이 다르다. 이런 차이에서 발생할 수 있는 긍정적인 시너지에 집중하면 좀 더 높은 성과를 쉽게 창출할 수 있다. 프로 컨설턴트는 이러한 결과를 만들어 내기 위해 노력해야 한다.

고객은 자신의 비즈니스를 지속적으로 진행하기 때문에 다른 사람들과 비즈니스의 깊은 내용까지 공유하는 것을 어려워한다. 또 대부분의 고객들은 생각이 매우 복잡하기 때문에 그 생각을 프로 컨설턴트에게 공유하려 하지 않는다. 이런 경우에 많은 컨설턴트들은 단순히 자신의 생각만을 고객에게 전달하고 고객은 그 의견을 참고하는 수준에서 카운슬이 마무리된다. 하지만 좀 더 높은 수준의 성과를 창출하기 위해서는 고객이 자신의 생각을 편하게 프로 컨설턴트와 공유할 수 있는 환경을 조성해야 한다.

즉, 고객이 가지고 있는 비즈니스 현상에 대한 인식이나 그에 대한 자신의 생각을 수시로 프로 컨설턴트에게 공유하고, 또 프로 컨설턴트도 고객과 함께 자신의 생각을 공유하는 과정에서 더 나은 결과를 만들어낼 수 있다.

이러한 노력은 프로 컨설턴트가 주도해야 한다. 이러한 분위기 조성을 위해서는 프로 컨설턴트가 고객의 사소한 일들을 놓치지 말고 관찰해야 한다.

필자의 경우 고객의 사무실에 방문하면 고객의 책상 위에 있는 책들과 사무실에 놓여 있는 사진이나 상패 등을 유심히 관찰하고 그를 통해서 고객과 대화에 대한 실마리를 얻는다.

고객들은 대부분 자신의 생각과 관련된 내용들을 자신의 주변에 노출시키는 경우가 많다. 예로 경제적인 이슈에 고민이 많은 고객의 경우에는 관련 서적을 가지고 있거나 신문 기사를 탐독하는 경우가 많기 때문에 고객의 주변에 집중하여 카운슬의 실마리를 찾아내는 것이 중요하다.

3) 실행 성과에 대해 고객과 함께 분석하라

고객이 비즈니스에서 성과를 내지 못하는 이유를 정리해서 원인을 분석하고 해결 방안을 찾는 것이 중요하다. 현장의 비즈니스는 단편적인 분석으로는 해결되지 않는 경우가 많다. 특히 성과와 관련된 경우에는 한 가지 이상의 변수가 복합적으로 작용하는 경우가 많기 때문에 반드시 복합적인 상황의 가정 하에 해결 방안을 찾아야 한다.

성과 분석에서는 고객의 활동 분석이 중요하다. 결국 프로젝트에서 성과를 창출하는 것은 전략이나 기획보다 실행에 대한 부분이 더 중요하기 때문이다. 우선 고객의 활동을 일정한 기간으로 설정하여 분석하고 그 분석 내용을 고객과 함께 공유한다.

성과 창출과 관련된 활동의 부진은 일회성으로 발생하기보다는 반복적으로 발생하는 경우가 많다. 이러한 문제점을 정확히 파악하기 위해 우선적으로 고객의 현장 활동에 대한 패턴을 분석하고 그를 기반으로 개선점을 찾아가는 방법론이 필요하다.

고객이 일정한 활동을 하는데도 성과가 부진할 경우에는 활동 패턴에 이상이 있거나 활동 패턴이 설정되어 있지 않은 경우가 많다. 우선 고객이 어떠한 활동 패턴을 가지고 있는지를 분석한 다음에 그 패턴이 정상적으로 작동하고 있는지에 대한 분석이 필요하다. 이러한 분석의 방법은 활동에 대한 부분이어서 고객과 함께 분석을 진행하는 것이 필요하다.

고객의 활동 패턴을 분석해 보면 활동의 성과를 좌우하는 것은 고객의 양적인 활동과 질적인 활동 2가지로 나누어진다. 양적인 활동은 단순하면서 반복적인 부분이어서 상대적으로 단기간에 개선할 수 있는 영역이고, 질적인 부분은 효율과 관련된 복잡한 부분이어서 장기간에 걸친 작업을 통해서만 개선할 수 있는 영역이다.

프로 컨설턴트는 활동의 성과에 접근할 때 우선 고객 활동의 패턴을 중심으로 성과와 관련된 활동을 양적인 부분과 질적인 부분으로 구분한 다음에 우선 양적인 활동 부분의 개선에 집중한 다음에 그 변화를 기반으로 질적인 부분의 개선에 진입하는 것이 필요하다.

4) 실행의 질까지 높일 수 있도록 구체적으로 지원하라

프로 컨설턴트는 고객의 실행에 대한 효과성과 효율성을 검증할 수 있어야 한다. 고객의 비즈니스에서 실행의 양을 늘리는 것은 비즈니스에 대한 결과를 만들어 내는 것이다. 고객의 행동을 설계하고 그것을 실행하도록 하는 것은 반드시 변화가 수반되어야 하고 그 변화로 인한 결과가 나와야 한다. 필자가 지도하는 실행력 프로젝트의 경우에는 기업의 영업직원들이 어떤 행동을 했을 때 결과가 발생하는지에 집중한다.

대부분 직원들의 성과는 고객과의 관계에서 발생하게 된다. 때문에 실행을 통해 성과를 높이는 방법은 고객과 접촉하는 양을 늘리는 것이 중요하다. 하지만 고객과 접촉을 늘리는 일은 그리 단순하지 않다. 영업직원들이 접촉하는 고객들의 특징은 매우 바쁘고 까다로운 니즈를 가지고 있기 때문이다.

이러한 고객들을 만나기 위해서 영업직원들은 많은 준비를 통해 고객을 발굴하고 고객의 니즈를 충족시킬 수 있는 안건을 개발해야 한다. 이러한 일에는 많은 노력과 시간이 필요하기 때문에 고객을 접촉하는 일이 쉽지 않다.

이때 필자가 중요하게 생각하는 것은 고객 접촉과 관련된 일들을 구체적으로 파악하여 프로세스와 하는 것이다. 이러한 단계를 거쳐서 영업을 하는 사람들이라면 누구라도 쉽게 할 수 있도록 하는 것이다. 이렇게 복잡하고 어려운 일들을 단순화하고 체계화하면 반복적으로 실행할 수 있게 된다.

이러한 단계를 거치게 되면 영업직원들이 좀 더 체계적이고 적극적인 활동을 통해 고객과의 접촉을 늘릴 수 있다. 이렇게 실행의 양적인 부분을 보완해서 효과성을 높이는 단계를 거치지 않으면 성과가 부진한 단계를 극복하기 어렵다.

고객의 비즈니스에서 일정한 수준의 양적인 실행이 진행되고 나면 질적인 부분으로 접근할 수 있게 되는데 이때 중요한 것은 효율성에 대한 부분이다. 효율성은 영업직원이 고객과 접촉하는 활동에서 실제로 의미 있는 성과를 창출하는 부분에 대한 비율을 관리하는 것이다.

효과성이 접촉의 수에 집중한다면 효율성을 활동의 질에 집중하게 된다. 즉 고객과 몇 번의 접촉을 통해서 성과를 발생시킬 수 있는가 하는 부분에 집중하는 것이다. 이 부분은 직원들의 역량이나 경력에 따라 매우 큰 편차를 보인다.

이러한 편차를 최소화하면서 영업직원 전체의 성과를 상향 평준화하는 작업은 복잡하면서 시간이 오래 걸린다. 이때에는 영업 활동의 프로세스와 함께 고객에 대한 심리적인 부분까지 함께 고려되어야 한다. 결국 비즈니스의 성과는 최종적으로 고객의 결정에 의해 좌우되기 때문이다.

비즈니스에서 성과 창출의 비율을 높이기 위한 중요한 포인트를 명확하게 하고, 그것을 집중적으로 반복함으로써 비즈니스 전체의 효율을 높일 수 있다. 이것은 마치 스포츠에서 팀플레이를 하는 것과 비슷하다. 스포츠에서는 팀의 구성원인 선수 개인들이 우수하다고 해서 반드시 그 팀의 성적이 좋은 것은 아니다.

성적이 우수한 팀들의 공통점은 성과를 높일 수 있는 핵심적인 플레이를 선수 전체가 명확하게 알고 있다는 점이다. 그리고 팀은 그 부분에 대해 선수들을 반복적으로 훈련시킴으로써 실제 경기에서 팀 전체가 높은 성과를 창출하는 것이다.

즉, 비즈니스를 실행하는 구성원 전체가 자신의 위치에서 좀 더 높은 수준의 성과 창출을 위한 핵심적인 활동을 차질 없이 진행할 수 있는 경우에만 지속적으로 높은 수준의 효율성을 담보할 수 있다. 프로 컨설턴트는 이를 위한 중요한 포인트를 설정하고 그 포인트를 전체가 일정한 수준까지 높일 수 있도록 유도해야 한다.

5) 조언을 통해 고객의 공감을 얻는다

필자는 프로젝트에서 컨설팅 회사 대표에게 조언을 통해 공감을 얻은 경험을 가지고 있다. 이 고객은 IT 분야의 컨설팅을 20년 넘게 운영하였고, 현재는 5명의 IT 컨설턴트를 채용하여 사업을 진행하고 있었다.

필자가 아는 IT 분야의 컨설팅은 전산 시스템과 연결되어 있는 경우가 많아 매우 정교하고 상세한 작업이 요구되는 부분이다. 그래서 필자는 고객이 매우 논리적이며 깐깐한 성격의 소유자일 것이란 생각을 하였다. 하지만 막상 만난 고객의 실제 모습은 필자의 생각과는 달리 웃는 인상에 공손한 말투를 가지고 있는 젠틀맨이었다.

첫 만남은 고객의 사무실에서 진행되었는데 미팅을 시작하기 전에 대표가 직접 원두커피를 만들어 주면서 커피의 종류와 향에 대해 자세히 설명해주는 배려까지 보여 주었다. 이렇게 편안한 분위기에서 진행된 미팅은 서로가 컨설턴트라는 공감대를 형성하기에 충분하였고, 대화를 진행하면서도 최대한 상대의 분야에 대한 존중과 컨설팅 진행에서 발생할 수 있는 어려움에 대해 공감을 표현하였다. 이러한 형태의 만남이 반복되면서 고객과 필자는 빨리 친해질 수 있었다.

이 프로젝트는 기업의 경영 전략을 수립하는 것이었는데 주로 기업 대표와 심층 인터뷰를 진행하고 그 결과를 가지고 전략 방향을 설정하는 방식으로 진행되었다. 처음에 고객과 서로의 컨설팅 분야에 대해 공감대가 형성되고 같은 분야의 일을 하면서 경험한 사례를 공유하기도 하면서 경영 전략 수립 프로젝트의 속도는 더 빨라졌다.

결과적으로 한 달 동안 진행 예정이었던 프로젝트에서 필자는 20일 만에 모든 결과물을 작성하고 프로젝트를 완료하였다. 개인적으로 이 프로젝트에서 작성한 기업 경영 전략의 결과물은 매우 높은 수준으로 작성되어 상호 모두가 매우 만족하였다. 또 프로젝트의 시간도 30%나 단축하는 성과를 창출할 수 있었다.

이 프로젝트에서 얻은 결론은 프로젝트를 진행하는 프로 컨설턴트가 고객의 일에 대해 어느 정도의 공감을 가지고 있는지가 프로젝트에 많은 영향을 준다는 것이었다. 고객의 어려움과 고객이 겪고 있는 현재의 상황에 대한 공감이 먼저 이루어진 다음에 자신이 가지고 있는 경험과 지식 체계를 접목시키는 것이 필요하다.

컨설팅 프로젝트는 사람에 의존해서 진행된다. 즉 사람과의 관계가 프로젝트 전반에 미치는 영향이 크다는 것이다. 그래서 고객의 새로운 가치 창출을 지원하려면 우선적으로 고객이 처해 있는 상황에 대해 공감이 먼저 이루어져야 한다.

카운슬의 Do & Don't 사례

1) 고객의 생각과 고민에 공감하고 있는가

프로 컨설턴트는 항상 고객의 입장에 서서 생각하고 현실적인 문제점에 공감대를 형성하여 고객이 자신의 비즈니스에 대해 수시로 조언을 요청할 수 있는 환경을 만들어야 한다.

이러한 환경의 조성에 필요한 것이 고객의 말에 집중하는 것이다. 컨설팅을 의뢰하는 고객들의 특성은 비즈니스 현장에서 많은 문제에 봉착해 있다는 것이다. 만약 고객이 하나의 문제만을 가지고 있다면 프로 컨설턴트는 그 문제만을 해결하면 된다. 하지만 이런 고객의 경우에는 전문가에게 컨설팅을 의뢰하지 않고 스스로 해결하려고 할 것이다.

즉, 프로 컨설턴트에게 자신의 비즈니스에 대한 컨설팅을 의뢰하는 고객들은 복합적인 문제를 가지고 있는 경우가 대부분이다. 필자가 경험한 고객들의 대부분은 비즈니스에서 발생하는 문제들에 대해 명확하게 정리하여 얘기하는 경우는 거의 없다. 고객과 함께 비즈니스의 문제에 대해 상담을 진행하면 고객들은 당장 직면한 문제에 대해 먼저 얘기하고 그다음으로 자신의 기억 속에 남아 있는 순서대로 말하게 된다.

그때 프로 컨설턴트가 고객과 상담 과정에서 일정한 기준을 가지고 문제를 파악하지 못하면 고객과 같이 복잡성에 늪에 빠지게 된다. 이러한 부분을 극복하기 위해 프로 컨설턴트는 고객과 대화를 나누면서 대화 내용을 충실하게 메모해야 한다. 프로 컨설턴트가 메모를 하지 않고 고객과 상담을 진행하면 상담이 진행되는 중에는 많은 것들을 이해하게 되지만 그 상담이 끝남과 동시에 진행되었던 많은 내용들을 잃어버리게 된다. 이러한 행동이 반복되면 고객에게 같은 말을 질문하게 되는 경우도 발생하고 고객은 프로 컨설턴트에 대한 믿음이 낮아지게 된다.

결국 고객과 컨설팅 상담 중에 고객의 말에 경청하는 방법은 일반적인 상담의 경청과는 조금 다른 특성을 가진다. 우선 컨설팅 상담에서는 고객이 말하는 내용의 대부분은 프로 컨설턴트가 비즈니스를 진행하는 중요한 실마리가 되기 때문에 가능한 많은 내용을 메모해야 한다. 그리고 이 과정에서 프로 컨설턴트는 고객에게 폐쇄형 질문보다는 개방형 질문을 통해서 고객의 정보를 많이 끌어내야 한다.

이 과정에서 필요한 경우 프로 컨설턴트는 인터뷰 도구를 활용해야 한다. 우선 가장 중요한 것은 펜과 메모지인데 가급적 빠르게 적을 수 있는 펜과 편리하게 작성할 수 있는 메모지가 좋다. 그리고 노트북이나 패드를 상용하는 경우에는 단순 워딩에 집중하기보다는 상담 내용을 구조적으로 분석할 수 있는 프로그램을 활용하는 것도 방법이다. 필자 같은 경우에는 씽크와이즈 프로그램을 사용하는데 그 종류는 워낙 많기 때문에 개인에게 적합한 프로그램을 사용하는 것이 좋다.

하지만 상담의 시간이 길어지고 내용이 많아지는 경우에는 메모를 해도 경청하기 힘들다. 이런 경우에는 고객에게 양해를 구하고 난 뒤에 스마트폰이나 보이스 리코더를 통해 상담 내용을 녹취하는 것도 방법이다. 이러한 녹취물은 향후에 중요한 내용을 확인하거나 상담 내용을 보고서로 작성할 때 많은 도움을 준다.

컨설팅 상담에서 프로 컨설턴트가 고객에게 공감하기 위해서는 메모와 녹취 등을 통해서 고객의 문제를 구체적으로 분석하는 것이 필요하다. 이러한 과정을 거쳐서 고객과 상담 과정에서 나온 문제점들을 구조적으로 분류하는 것만으로도 프로 컨설턴트는 고객의 많은 문제를 해결할 수 있다.

컨설팅을 진행하면서 가장 철저해야 하는 일은 프로 컨설턴트의 시간 관리다. 컨설팅 비즈니스의 특성은 일정한 기간에 주요 프로젝트들이 집중된다는 것이다. 컨설팅 비즈니스를 하는 입장에서 본다면 프로젝트에 투여할 수 있는 자원은 한정되어 있는데 특정에 기간에 프로젝트가 집중된다는 것은 경영의 큰 위험이 된다.

특히 컨설팅 비즈니스가 집중되는 기간에는 프로젝트의 품질을 담보하기가 어려워진다. 필자의 경험을 예로 든다면 연말에는 특히 프로젝트의 집중 현상이 심했던 것 같다. 기존에 진행하던 프로젝트를 운영하고 있는데 새로운 프로젝트들이 추가로 착수하게 되면 어려움은 배가 된다.

비즈니스를 하는 입장에서 본다면 새로운 프로젝트의 시작은 수입 창출의 중요한 요소이기 때문에 매력적인 부분이다. 하지만 수익적인 차원을 제외하고 본다면 프로젝트의 완성도를 높이는 데에는 장애요소로 작용하기도 한다. 실제 바쁜 연말에 기존에 진행하던 프로젝트 외에 신규 프로젝트를 추가로 수주하면서 필자의 일정은 두 배로 바쁘게 진행되었다.

물론 처음에는 관리 가능한 수준을 유지하기 위해 프로젝트와 직접적인 관련이 없는 업무들을 조정했다. 그래도 부족한 시간은 개인적인 시간을 줄임으로서 확보했다. 즉 연말에 진행되는 모임과 다른 일정들을 모두 취소하고 오로지 프로젝트에만 집중했던 것이다. 결론적으로 연말의 프로젝트 폭주 상황은 마무리되었지만 그로 인한 비즈니스의 영향을 두 가지로 나누어졌다.

우선 긍정적인 한 가지는 다른 연말보다 프로젝트의 가동률이 높아졌고 그와 비례하여 수입도 많아졌다는 점이다. 하지만 나머지 한 가지는 과도한 업무로 인한 체력적인 문제가 연초의 업무에 지장이 있을 정도로 많았고 무엇보다 연말에 급하게 진행했던 기간에 있었던 기존 고객의 프로젝트 추가 제안과 계약 연장이 미뤄지면서 연초의 새로운 계약이 성사되지 못했다는 점이다.

컨설팅 비즈니스의 특징은 고도의 집중력이 있어야 하는 지식 서비스 산업이라는 점이다. 프로 컨설턴트가 조심해야 하는 부분은 너무 많은 프로젝트나 수입에 집중하다 보면 자연스럽게 결과물의 품질이 낮아지거나 기존 고객의 관리 포인트가 약해진다는 것이다.

사람은 누구나 금전적인 부분에서 자유롭지 못하다. 특히 컨설팅 비즈니스는 특정 기간에 업무가 몰리는 특징을 가지고 있기 때문에 이러한 문제를 잘 관리하는 것이 매우 중요하다. 그래서 프로 컨설턴트는 수입에 집중해서 비즈니스의 품질이 낮아지는 과오를 범하지 말아야 한다.

2) 고객의 활동에 대해 상담하고 있는가

고객의 활동 설정이 잘못되었거나 활동의 양이 부족했을 때 성과가 나오지 않을 수 있다. 이때 프로 컨설턴트는 자신이 가지고 있는 전략적인 경험과 지식 체계를 활용하여 고객의 활동을 다양하게 분석하고 고객에게 수치를 근거로 한 객관적인 조언으로 고객 활동의 변화를 이끌어 내야 한다.

현장에서 활동을 하는 사람들은 늘 바쁘게 생활한다. 특히 비즈니스맨들의 경우에는 고객과의 관계를 통해서 성과를 창출하는 경우가 대부분이기 때문에 늘 심리적인 부담감을 가지고 있다. 하지만 비즈니스맨들이 가지는 심리적인 부담과 실질적인 활동과 사이에는 갭이 존재한다.

필자가 기업에서 컨설팅을 진행하면서 만난 대부분의 비즈니스맨들은 자신들이 정말 바쁘게 일한다고 말한다. 하지만 실질적으로 성과에 직접적인 영향을 주는 주요 요소들의 활동에 대한 부분을 일정 기간의 모니터링을 통해서 숫자로 파악하면 말로 하는 활동들과 많은 차이가 있다.

이것은 마치 사람들에게 '하루에 몇 시간이나 주무세요?' 하고 질문하는 것과 비슷하다. 이러한 질문을 받은 사람들은 대게 '6시간 정도요'라고 말하는 경우가 많다. 그리고 야근과 술자리가 많아서 항상 잠이 부족하다고 말한다. 하지만 일주일 동안 저녁에 잠자리에 드는 시간과 아침에 일어나는 시간을 기록해서 결과를 확인하면 평균적으로 자신들이 얘기한 시간보다 적게는 10%에서 많게는 30%까지 잠자는 시간이 많은 경우가 대부분이다.

사람들은 자신의 활동을 기억할 때 가장 적은 쪽이나 반대로 가장 많은 쪽으로 기억하는 경우가 많다. 즉 일상적인 방식으로는 평균값을 구하기가 어렵다는 것이다. 상대가 말하는 이런 최솟값이나 최대값을 기준으로 업무를 추진하는 것은 마치 요리의 맛을 사진만 보고 평가하는 것과 같은 결과를 만든다. 그래서 프로 컨설턴트는 고객의 활동에 대해 구체적인 분석을 통해 정확한 수치를 가지고 상담에 임해야 한다.

고객의 활동에 대해 상담할 때 주관적인 판단을 조심해야 한다. 가끔 사람들은 활동의 양적인 부분과 질적인 부분을 간과하는 경우가 많다.

고객이 활동을 통해 성과를 창출하기 위해서 자신의 활동을 양적인 부분과 질적인 부분으로 나누어서 관리할 수 있어야 한다. 즉 어떤 경우에는 고객들을 많이 만나는 것이 성과와 직접적으로 연결되는 경우도 있지만 특정 산업에는 고객의 많고 적음과 성과가 상관관계가 없는 경우도 있다.

특히 대부분의 비즈니스에서는 우선 양적인 부분이 해결되어야 질적인 부분이 개선되는 순차적인 관계를 가지고 있지만 모두가 그런 것은 아니다. 때문에 프로 컨설턴트는 고객의 비즈니스에 대해 효과적인 부분과 효율적인 부분을 잘 분석해야 한다. 이 부분에 대한 분석 없이 고객의 활동을 관리하면 오히려 고객에게 불신만을 심어주는 결과를 만들 수 있다.

프로 컨설턴트가 갖추어야 할 자세

1. 프로 컨설턴트는 의뢰인의 새로운 가치창출을 지원하는 전문적인 활동을 수행합니다.
   - 전문적인 활동의 영역은 마케팅, 인사, 재무, 생산 등으로 구분하여 수행합니다.

2. 컨설팅에서 의뢰인의 니즈에 집중하며 개인의 경험과 노하우를 적극적으로 활용합니다.
   - 자신의 전문 분야에 집중하며 타 분야는 본인의 네트워크를 활용합니다.

3. 프로 컨설턴트는 컨설팅의 성공 프로세스를 기준으로 활동합니다.
   - 고객의 요청에 의해 준비, 착수, 진단의 활동을 진행합니다.
   - 고객과 협의를 통해 개선방안 도출, 실행 계획 수립, 실행을 진행합니다.

4. 컨설팅에서 리더십을 발휘하여 의뢰인이 가진 니즈의 핵심을 터치합니다.
   - 도입단계에서 커뮤니케이션으로 신뢰를 구축하고 리서치를 정보를 확보합니다.

5. 컨설팅에서 문제 해결의 원리와 원칙을 제공하여 의뢰인과 시너지를 창출합니다.
   - 컨설테이션으로 문제를 도출하고 코디네이션을 통해 공감을 이끌어냅니다.

6. 컨설팅에서 해결책을 세분화하여 의뢰인의 수준에 맞는 새로운 성과를 창출합니다.
   - 컨트롤로 실행을 촉진하고 카운슬로 새로운 성과를 유도합니다.

감사의 글

더 나은 프로 컨설턴트의 환경을 위하여

나는 삶에서 항상 새로움을 추구한다. 그래서 일상에서 떠오르는 생각을 기록하느라 분주하고, 한 주의 삶을 계획하느라 많은 시간을 소비하고, 새로운 것을 배우는데 상당한 시간과 비용을 아끼지 않고 투자한다. 이러한 생활 습관이 이 책을 마무리하는 데 많은 도움이 되었다.

책을 쓴다는 것은 참 많은 시간이 걸리는 일이다. 그래서 개인의 생활에서 일 외에 소중한 많은 것들을 포기해야 가능한 작업이다. 이렇게 목적 지향적인 삶이 되어 버린 지난 1년은 나에게 정말로 바빴고 또 많이 슬펐던 시간이었다.

바쁘게 지난 1년 동안 나는 밀물같이 밀려오는 일에 최선을 다하면서도 새로운 일을 만들기 위해 몰입했다. 그래서 지금도 지난 1년을 돌아보면 대부분의 기억들이 일과 연결되어 있다.

가장 슬펐던 일은 세상에서 나를 가장 자랑스럽게 생각하셨던 아버님이 영원히 우리 가족의 곁을 떠나신 것이다. 항상 내 책을 꼼꼼히 읽고 어려운 용어들을 찾아서 용어집을 만들어 주셨던 아버님을 다시 뵐 수 없다고 생각하면 마음이 아프다.

긴 시간 동안 책 출간에 지속적으로 몰입할 수 있게 한 것은 그동안 진행했던 컨설팅과 강연에서 얻은 성과들을 많은 사람들과 함께 공유해야 한다는 신념이었다. 그리고 현장에서 활용했던 다양한 방법론들을 체계적으로 정리하여 새로운 지식 체계를 만들어 프로 컨설턴트들과 함께하고 싶다는 열망 때문이었다.

이 책은 컨설팅 준비, 착수, 경영 진단, 개선 방안 도출, 실행 방안 수립, 종료의 6단계 프로세스와 실행 역량인 커뮤니케이션, 리서치, 컨설테이션, 코디네이션, 컨트롤, 카운슬의 식스모델에 대한 내용을 정리해 프로 컨설턴트가 현장에서 활용할 수 있게 했다.

이 책을 집필하면서 나는 '어떻게 자신의 경험에 지식 체계를 더해 다른 사람들의 새로운 가치 창출을 지원할 수 있는가?'라는 지난 26년 간의 질문에 많은 답을 얻을 수 있었다. 그리고 지금도 프로 컨설턴트로 새로운 영역에 도전하고 있는 나를 발견한다.

항상 내 삶에 의미와 동기를 부여해주는 아내 동선과 아들 인호에게 감사의 마음을 전한다. 내가 그동안 바쁘게만 살았던 삶의 시간을 후회하지 않는 것은 모두 아내와 아들의 이해와 배려 덕분이다.